国家基本职业培训包（指南包 课程包）

养老护理员

（试行）

人力资源和社会保障部职业能力建设司编制

中国劳动社会保障出版社

图书在版编目（CIP）数据

养老护理员：试行/人力资源和社会保障部职业能力建设司编制. --北京：中国劳动社会保障出版社，2017
（国家基本职业培训包：指南包 课程包）
ISBN 978-7-5167-3310-3

Ⅰ. ①养… Ⅱ. ①人… Ⅲ. ①老年人-护理学-职业培训-教学参考资料 Ⅳ. ①R473

中国版本图书馆 CIP 数据核字（2017）第 282470 号

中国劳动社会保障出版社出版发行
（北京市惠新东街 1 号 邮政编码：100029）
*
三河市华骏印务包装有限公司印刷装订 新华书店经销
880 毫米 ×1230 毫米 16 开本 8.75 印张 160 千字
2017 年 11 月第 1 版 2022 年 4 月第 3 次印刷
定价：30.00 元

读者服务部电话：（010）64929211/84209101/64921644
营销中心电话：（010）64962347
出版社网址：http://www.class.com.cn

编制说明

为贯彻落实《中华人民共和国国民经济和社会发展第十三个五年规划纲要》提出的“实行国家基本职业培训包制度”的要求，按照《人力资源和社会保障部办公厅关于推进职业培训包工作的通知》(人社厅发〔2016〕162号)的部署安排，“十三五”期间，组织开发培训需求量大的100个左右国家基本职业培训包，指导开发100个左右地方(行业)特色职业培训包。到“十三五”末，力争全面建立国家基本职业培训包制度，普遍应用职业培训包开展各类职业培训。在征求各地培训需求的基础上，经调研论证，人力资源和社会保障部组织有关行业专家编制了首批中式烹调师等10个职业的国家基本职业培训包。

国家基本职业培训包是集培养目标、培训要求、培训内容、课程规范、考核大纲、教学资源等为一体的职业培训资源总合，是职业培训机构对劳动者开展政府补贴职业培训服务的工作规范和指南，对于加强职业培训规范化、科学化管理，促进职业培训与就业需求有效衔接，推行终身职业培训制度具有积极作用。

此次编制的中式烹调师等10个职业的国家基本职业培训包遵循《职业培训包开发技术规程(试行)》的要求，依据国家职业技能标准或企业岗位技术规范，结合新经济、新产业、新职业发展编制，力求客观反映现阶段本职业(工种)的技术水平、对从业人员的要求和职业培训教学规律。

《国家基本职业培训包(指南包　课程包)——养老护理员(试行)》是在

各有关专家的共同努力下完成的。参加编审的主要人员有：高澍苹、李秀惠、谭美青、辛胜利、邓宝凤、霍春暖、刘则杨、谢东东、赵贤慧、王秀华、尹学、刘婧桓、徐梦林、黄玉琦、王艳艳、郭建春，在编制过程中还得到了北京大学医学网络教育学院、北京医大时代科技有限责任公司、青岛市长期照护协会、北京市第一社会福利院、北京老年医院等有关单位的大力支持，在此一并致谢。

国家基本职业培训包编审委员会

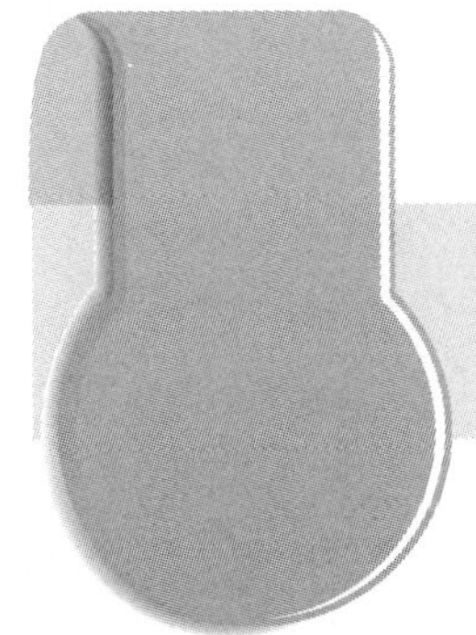

目 录

1 指 南 包

1.1 职业培训包使用指南 ……002

1.1.1 职业培训包结构与内容 ……002

1.1.2 培训课程体系介绍 ……003

1.1.3 培训课程选择指导 ……011

1.1.4 各类资源使用说明 ……011

1.2 职业指南 ……011

1.2.1 职业描述 ……011

1.2.2 职业培训对象 ……012

1.2.3 就业前景 ……012

1.3 培训机构设置指南 ……012

1.3.1 师资配备要求 ……012

1.3.2 培训场所设备配置要求 ……012

1.3.3 教学资料配备要求 ……019

1.3.4 管理人员配备要求 ……019

1.3.5 管理制度要求 ……019

2 课 程 包

2.1 培训要求 ……022

2.1.1 职业基本素质培训要求 ……022

2.1.2 初级职业技能培训要求 …… 023
2.1.3 中级职业技能培训要求 …… 026
2.1.4 高级职业技能培训要求 …… 028
2.1.5 技师职业技能培训要求 …… 030

2.2 课程规范 …… 034

2.2.1 职业基本素质培训课程规范 …… 034
2.2.2 初级职业技能培训课程规范 …… 045
2.2.3 中级职业技能培训课程规范 …… 056
2.2.4 高级职业技能培训课程规范 …… 063
2.2.5 技师职业技能培训课程规范 …… 070
2.2.6 培训建议中培训方法说明 …… 078

2.3 考核规范 …… 079

2.3.1 职业基本素质培训考核规范 …… 079
2.3.2 初级职业技能培训理论知识考核规范 …… 081
2.3.3 初级职业技能培训操作技能考核规范 …… 083
2.3.4 中级职业技能培训理论知识考核规范 …… 083
2.3.5 中级职业技能培训操作技能考核规范 …… 085
2.3.6 高级职业技能培训理论知识考核规范 …… 085
2.3.7 高级职业技能培训操作技能考核规范 …… 086
2.3.8 技师职业技能培训理论知识考核规范 …… 087
2.3.9 技师职业技能培训操作技能考核规范 …… 088

附录 培训要求与课程规范对照表

附录 1 职业基本素质培训要求与课程规范对照表 …… 090
附录 2 初级职业技能培训要求与课程规范对照表 …… 099
附录 3 中级职业技能培训要求与课程规范对照表 …… 109
附录 4 高级职业技能培训要求与课程规范对照表 …… 115
附录 5 技师职业技能培训要求与课程规范对照表 …… 122

1

指南包

1.1 职业培训包使用指南

1.1.1 职业培训包结构与内容

养老护理员职业培训包由指南包、课程包、资源包三个子包构成，结构如图 1 所示。

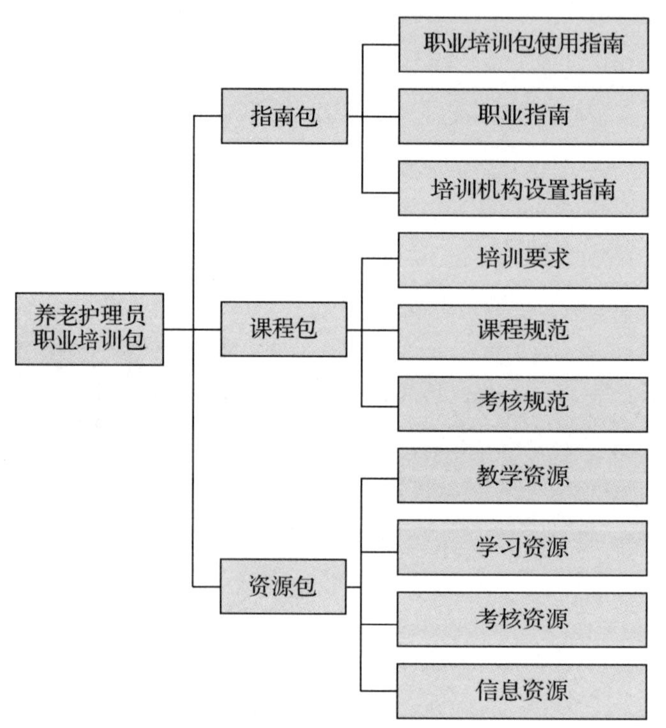

图 1 职业培训包结构图

指南包是指导培训机构、培训教师与学员开展职业培训的服务性内容总合，包括职业培训包使用指南、职业指南和培训机构设置指南。职业培训包使用指南是培训教师与学员了解职业培训包内容、选择培训课程、使用培训资源的说明性文本；职业指南是对职业信息的概述；培训机构设置指南是对培训机构开展职业培训提出的具体要求。

课程包是培训机构与教师实施职业培训、培训学员接受职业培训必须遵守的规范总合，包括培训要求、课程规范、考核规范。培训要求是参照国家职业标准、结合职业岗位工作实际需求制订的职业培训规范；课程规范是依据培训要求、结合职业培训教学规律，对课程设置、培训学时、课程内容与培训方法等所做的统一规定；考核规范是针对课程规范中所规定的课程内容开发的，能够科学评价培训学员过程性学习效果与终结性培训成果的规则，是客观衡量培训学员职业基本素质与职业技能水平的标准，也是实施职业培训过程性与终结性考核的依据。

资源包是依据课程包要求，基于培训学员特征，遵循职业培训教学规律，应用先进职业培训课程理念，开发的多媒介、多形式的职业培训与考核资源总合，包括教学资源、学习资源、考核资源和信息资源。教学资源是为培训教师组织实施职业培训教学活动提供的相关资源；学习资源是为培训学员学习职业培训课程提供的相关资源；考核资源是为培训机构和教师实施职业培训考核提供的相关资源；信息资源是为培训教师和学员拓展视野提供的体现科技进步、职业发展的相关动态资源。

1.1.2 培训课程体系介绍

养老护理员职业培训课程体系依据职业技能等级分为职业基本素质培训课程、初级职业技能培训课程、中级职业技能培训课程、高级职业技能培训课程和技师职业技能培训课程，每一类课程有模块、课程和学习单元三个层级。养老护理员职业培训课程体系均源自本职业培训包课程包中的课程规范，以学习单元为基础，形成职业层次清晰、内容丰富的“ 培训课程超市”。

养老护理员职业培训课程学时分配一览表

职业技能等级	课堂学时		其他学时	培训总学时
	职业基本素质培训课程	职业技能培训课程		
初级	50	190	20	260
中级	40	114	26	180
高级	35	110	15	160
技师	30	102	18	150

注：课堂学时是指培训机构开展的理论课程教学及实操课程教学的建议最低学时数。除课堂学时外，培训总学时还应包括岗位实习、现场观摩、自学自练等其他学时。

（1）职业基本素质培训课程

模块	课程	学习单元	课堂学时
1．职业道德	1–1 职业道德基本知识	（1）道德	1
		（2）职业道德	2
	1–2 职业守则	（1）职业守则	1

续表

<table>
<tr><th>模块</th><th>课程</th><th>学习单元</th><th>课堂学时</th></tr>
<tr><td rowspan="7">2．工作须知、服务礼仪和个人防护知识</td><td rowspan="2">2-1　职业工作须知</td><td>（1）职业须知</td><td>1</td></tr>
<tr><td>（2）工作须知</td><td>1</td></tr>
<tr><td rowspan="3">2-2　服务礼仪规范</td><td>（1）卫生礼仪要求</td><td rowspan="2">1</td></tr>
<tr><td>（2）着装礼仪要求</td></tr>
<tr><td>（3）工作礼仪要求</td><td>1</td></tr>
<tr><td rowspan="2">2-3　个人防护</td><td>（1）工作安全防护</td><td>1</td></tr>
<tr><td>（2）自我照护</td><td>2</td></tr>
<tr><td rowspan="7">3．老年人护理基础知识</td><td rowspan="4">3-1　老年人护理</td><td>（1）老年人正常基本结构、功能与衰老表现</td><td>6</td></tr>
<tr><td>（2）老年人心理改变因素</td><td>2</td></tr>
<tr><td>（3）老年人心理护理特点</td><td>2</td></tr>
<tr><td>（4）老年人生活、运动护理特点</td><td>2</td></tr>
<tr><td rowspan="2">3-2　老年人常见疾病护理知识</td><td>（1）老年人患病主要原因和特点</td><td>2</td></tr>
<tr><td>（2）老年人常见疾病护理要点</td><td>4</td></tr>
<tr><td>3-3　老年人营养素需求及饮食种类</td><td>（1）老年人营养素需求与饮食种类</td><td>1</td></tr>
<tr><td rowspan="6">4．老年人护理方法</td><td rowspan="3">4-1　老年人一般情况观察方法及记录</td><td>（1）老年人一般情况观察及评估</td><td>1</td></tr>
<tr><td>（2）老年人特殊情况观察及评估</td><td>2</td></tr>
<tr><td>（3）老年人常用护理记录表格内容及填写</td><td>1</td></tr>
<tr><td>4-2　老年人基本救助</td><td>（1）老年人基本救助目的、注意事项与原则</td><td>2</td></tr>
<tr><td rowspan="2">4-3　老年人常见冲突和压力处理方法</td><td>（1）老年人常见冲突处理方法</td><td>1</td></tr>
<tr><td>（2）老年人常见压力处理方法</td><td>1</td></tr>
</table>

续表

模块	课程	学习单元	课堂学时
5．安全卫生环境保护知识	5-1　老年人安全防护规范及相关知识	（1）养老机构安全防护规范相关知识	1
		（2）老年人安全防护规范相关知识	2
	5-2　老年人卫生防护知识	（1）老年人个人与环境卫生防护基本知识	1
	5-3　老年人环境保护知识	（1）老年人环境保护设计基本原则	2
	5-4　老年人居室整理及消毒隔离知识	（1）老年人居室整理与消毒隔离基本知识	1
6．相关法律、法规知识	6-1　《中华人民共和国老年人权益保障法》相关知识	（1）《老年人权益保障法》概述及要点解析	1
	6-2　《中华人民共和国劳动法》相关知识	（1）《劳动法》概述及要点解析	1
	6-3　《中华人民共和国劳动合同法》相关知识	（1）《劳动合同法》概述及要点解析	1
	6-4　《中华人民共和国消防法》相关知识	（1）《消防法》概述及要点解析	1
	6-5　养老机构服务标准相关知识	（1）《老年人社会福利机构基本规范》概述及要点解析	1
课堂学时合计			50

注：本表所列为初级职业基本素质培训课程，其他等级职业基本素质培训课程按“养老护理员职业培训课程学时分配一览表”中相应的课堂学时要求进行必要的调整。

（2）初级职业技能培训课程

模块	课程	学习单元	课堂学时
1．生活照料	1-1　饮食照料	（1）老年人进食、进水体位的摆放	8
		（2）老年人进食、进水情况观察、记录及报告	4
		（3）老年人治疗饮食的发放	2
		（4）老年人呕吐时体位变换	8

续表

模块	课程	学习单元	课堂学时
1．生活照料	1–2　排便照料	（1）帮助老年人如厕	4
		（2）卧床老年人使用便盆	8
		（3）卧床老年人使用尿壶	8
		（4）卧床老年人更换尿垫	8
		（5）老年人纸尿裤更换	8
		（6）老年人便标本采集	4
		（7）老年人尿标本采集	4
		（8）老年人排泄物观察、报告及记录	4
		（9）老年人开塞露通便	8
	1–3　睡眠照料	（1）老年人睡眠环境布置	4
		（2）老年人睡眠状况观察、报告及记录	4
	1–4　清洁照料	（1）老年人床单位整理	8
		（2）老年人被服更换	8
		（3）老年人晨、晚生活照料	8
		（4）老年人口腔清洁	8
		（5）老年人义齿摘戴及清洗	4
		（6）老年人头发清洁	4
		（7）老年人身体清洁	8
		（8）老年人仪容仪表修饰	4
		（9）老年人更衣	4
		（10）卧床老年人翻身叩背预防压疮	8
2．基础护理	2–1　用药照料	（1）老年人用药照料	4
		（2）老年人用药后反应的观察、记录及报告	2

续表

<table>
<tr><th>模块</th><th>课程</th><th>学习单元</th><th>课堂学时</th></tr>
<tr><td rowspan="5">2．基础护理</td><td rowspan="3">2–2　冷热应用护理</td><td>（1）老年人热水袋的使用</td><td>4</td></tr>
<tr><td>（2）为老年人湿热敷</td><td>4</td></tr>
<tr><td>（3）老年人皮肤的观察、记录及异常变化报告</td><td>2</td></tr>
<tr><td rowspan="2">2–3　遗体照料</td><td>（1）老年人遗体照料</td><td>4</td></tr>
<tr><td>（2）整理遗物</td><td>2</td></tr>
<tr><td rowspan="5">3．康复护理</td><td rowspan="2">3–1　康乐活动照护</td><td>（1）老年人手工活动</td><td>4</td></tr>
<tr><td>（2）老年人娱乐游戏活动</td><td>4</td></tr>
<tr><td rowspan="3">3–2　活动保护</td><td>（1）拐杖使用</td><td>4</td></tr>
<tr><td>（2）轮椅使用</td><td>4</td></tr>
<tr><td>（3）转运车使用</td><td>2</td></tr>
<tr><td colspan="3">课堂学时合计</td><td>190</td></tr>
</table>

（3）中级职业技能培训课程

<table>
<tr><th>模块</th><th>课程</th><th>学习单元</th><th>课堂学时</th></tr>
<tr><td rowspan="11">1．生活照料</td><td rowspan="2">1–1　饮食照料</td><td>（1）老年人鼻饲进食照料</td><td>8</td></tr>
<tr><td>（2）老年人噎食应急救助</td><td>8</td></tr>
<tr><td rowspan="4">1–2　排泄照料</td><td>（1）为老年人人工取便</td><td>8</td></tr>
<tr><td>（2）老年人的尿袋更换</td><td>8</td></tr>
<tr><td>（3）老年人的粪袋更换</td><td>8</td></tr>
<tr><td>（4）留置导尿老年人尿液情况观察、记录及报告</td><td>4</td></tr>
<tr><td rowspan="3">1–3　睡眠照料</td><td>（1）老年人睡眠环境影响因素识别及改善建议</td><td>4</td></tr>
<tr><td>（2）睡眠障碍老年人入睡照料</td><td>4</td></tr>
<tr><td>（3）老年人不良睡眠习惯指导</td><td>4</td></tr>
<tr><td rowspan="2">1–4　清洁照料</td><td>（1）老年人口腔护理</td><td>8</td></tr>
<tr><td>（2）床旁消毒隔离</td><td>4</td></tr>
</table>

续表

模块	课程	学习单元	课堂学时
2．基础护理	2-1　用药照料	(1) 为老年人雾化吸入	4
		(2) 协助老年人使用外用药	4
		(3) 老年人Ⅰ度压疮处理	4
	2-2　冷热应用护理	(1) 老年人体温测量	2
		(2) 实施冰袋物理降温	4
		(3) 实施温水擦浴物理降温	4
	2-3　安宁照护	(1) 运用肢体语言为临终老人提供慰藉	4
		(2) 为临终老年人及家属提供精神安慰支持	4
3．康复护理	3-1　康乐活动照护	(1) 老年人使用健身器材进行功能锻炼	4
		(2) 老年人床上体位转换	4
	3-2　功能锻炼	(1) 肢体功能障碍的老年人进行穿、脱衣服锻炼	4
		(2) 看护老年人锻炼站立、端坐及行走	4
课堂学时合计			114

(4) 高级职业技能培训课程

模块	课程	学习单元	课堂学时
1．生活照料	1-1　饮食照料	(1) 老年人进食、进水困难基本原因识别	4
		(2) 老年人不良饮食习惯健康指导及改善建议	4
		(3) 老年人治疗饮食落实情况检查	4
		(4) 老年人呕吐物识别、记录及呕吐应对措施	4
	1-2　排泄照料	(1) 老年人排尿异常识别	4
		(2) 老年人排便异常识别	4

续表

模块	课程	学习单元	课堂学时
2．基础护理	2-1　消毒防护	（1）紫外线灯的消毒及防护	2
		（2）配制消毒液消毒老年人房间	4
	2-2　应急救护	（1）老年人外伤初步止血应急处理	8
		（2）老年人烫伤的应对	4
		（3）老年人跌倒后的初步处理	4
		（4）配合医护人员对骨折老年人的应急处理	4
		（5）老年人误吸、窒息、跌倒的应急处理	4
		（6）心脏骤停老年人的应对	8
		（7）为老年人实施氧气吸入	4
3．康复护理	3-1　康乐活动照护	（1）带领认知障碍老年人进行文娱活动	4
	3-2　功能锻炼	（1）帮助肢体障碍的老年人进行功能训练	4
		（2）帮助尿失禁老年人进行功能训练	4
4．心理护理	4-1　心理疏导	（1）对老年人心理变化的观察	4
		（2）对老年人不良情绪的疏导	4
	4-2　心理保健	（1）老年人及家属的心理健康教育	4
		（2）老年人交往环境的营造	2
		（3）老年人兴趣活动的设计	2
5．培训指导	5-1　培训	（1）初级养老护理员基础培训	4
		（2）初级养老护理员培训教案编写	4
	5-2　指导	（1）初级养老护理员实操指导	8
课堂学时合计			110

（5）技师职业技能培训课程

模块	课程	学习单元	课堂学时
1．基础护理	1–1　计划管理	（1）制订慢性病老年人的护理照料计划	4
		（2）评价护理计划实施结果	2
		（3）老年人护理档案分类保管	2
		（4）老年人安全预案的制订	4
	1–2　环境设计	（1）识别并消除有损老年人健康的环境因素	2
		（2）为不同疾病状态老年人设计生活环境	2
		（3）优化设计老年人的生活环境	2
	1–3　技术创新	（1）老年人照料、护理技术创新	2
		（2）老年人照料、护理的技术总结或论文撰写	4
		（3）老年用品提出技术改良建议	2
2．康复护理	2–1　功能锻炼	（1）言语障碍老年人的言语功能锻炼	4
		（2）吞咽障碍老年人的吞咽功能锻炼	4
	2–2　活动评价	（1）老年人运动功能评价	4
		（2）肢体功能障碍老年人康复计划制订	4
3．心理护理	3–1　心理辅导	（1）老年人心理辅导基本方案制订	4
		（2）基本心理健康知识讲解	4
	3–2　心理疏导	（1）疏导并稳定老年人的不良情绪	4
		（2）老年人心理辅导效果评估	2
4．护理管理	4–1　组织管理	（1）养老护理员岗位职责和工作程序与照护流程的制订	4
		（2）养老护理员管理制度起草	4
		（3）养老护理工作程序及流程持续改进	4
		（4）对养老护理计划和方案给以控制	4
		（5）养老护理员岗位职责与考核方法	4
	4–2　质量管理	（1）养老护理质量控制方案	4
		（2）养老护理技术操作规程	4
		（3）养老服务信息化管理	2

续表

<table>
<tr><th>模块</th><th>课程</th><th>学习单元</th><th>课堂学时</th></tr>
<tr><td rowspan="3">5．培训指导</td><td rowspan="2">5-1　培训</td><td>（1）中级、高级以上养老护理员培训</td><td>4</td></tr>
<tr><td>（2）中级、高级养老护理员培训方案编写</td><td>4</td></tr>
<tr><td>5-2　指导</td><td>（1）中级、高级养老护理员实训操作指导</td><td>8</td></tr>
<tr><td colspan="3">课堂学时合计</td><td>102</td></tr>
</table>

1.1.3　培训课程选择指导

职业基本素质培训课程为必修课程，相当于本职业的入门课程。各级别职业技能培训课程由培训机构教师根据培训学员实际情况，遵循高级别涵盖低级别的原则进行选择。

原则上，初入职的培训学员应学习职业基本素质培训课程和初级职业技能培训课程的全部内容，有职业技能等级提升需求的培训学员，可按照国家职业标准的“鉴定要求”，对照自身需求选择更高等级的培训课程。

具有一定从业经验、无职业技能等级晋升要求的培训学员，可根据自身实际情况自主选择本职业培训课程。具体方法为：（1）选择课程模块；（2）在模块中筛选课程；（3）在课程中筛选学习单元；（4）组合成本次培训的整个课程。

培训教师可以根据以上方法对培训学员进行单独指导。对于订单培训，培训教师可以按照如上方法，对照订单要求进行培训课程的选择。

1.1.4　各类资源使用说明

（待各类资源开发完成后补充。）

1.2　职业指南

1.2.1　职业描述

养老护理员是对老年人生活进行照料、护理的服务人员。

1.2.2 职业培训对象

参加养老护理员职业培训的对象主要包括：城乡未继续升学的应届初高中毕业生、农村转移就业劳动者、城镇登记失业人员、转岗转业人员、退役军人、企业在职职工和高校毕业生等各类有培训需求的人员。

1.2.3 就业前景

养老护理员的工作岗位有：养老护理员，未来可晋升为养老护理组长、养老护理主管、养老护理（副）主任、养老护理主任、养老护理（副）院长、养老护理院长以及养老护理培训老师、养老护理技能大师等。

1.3 培训机构设置指南

1.3.1 师资配备要求

（1）培训教师任职基本条件

1）培训初级养老护理员的教师应具有本职业高级职业资格证书、高级技能等级认证或相关专业中级及以上专业技术职务任职资格。

2）培训中级、高级养老护理员的教师应具有本职业技师职业资格证书、技师技能等级认证或相关专业高级专业技术职务任职资格。

3）培训养老护理员技师的教师应具有本职业技师职业资格证书、技师技能等级认证 3 年以上或相关专业高级专业技术职务任职资格 3 年以上。

（2）培训教师数量要求（以 20 ～ 50 人培训班为基准）

1）理论课教师：1 人以上；培训规模超过 50 人的，按教师与学员之比不低于 1∶50 配备教师。

2）实习指导教师：1 人以上；培训规模超过 20 人的，按教师与学员之比不低于 1∶20 配备教师。

1.3.2 培训场所设备配置要求

培训场所设备配置要求如下（以 20 ～ 50 人培训班为基准）：

(1) 理论知识培训场所设备配置要求：同时容纳 20 ~ 50 人上课的大于 60 平方米的标准教室。多媒体电教设备齐全，含计算机、网络接入设备、投影仪、音响设备；具备条件的可以设录音、录像设备。

(2) 操作技能培训场所设备配置要求：同时容纳 20 ~ 50 人上课的大于 60 平方米的标准教室。有便于开展互动式教学、演示、情景模拟等实训物品和材料。

具体配置如下（按 20 ~ 50 人标准配备，每 10 人为一小组进行实训）：

等级	设备	数量	单位	用具	数量	单位	其他用品	数量	单位
初级	1．物品柜	2～5	个	1．棉被	2 ~ 5	床	养老护理员工作服、帽子、护理鞋	3～5	套
	2．护理床	2～5	张	2．床褥	2 ~ 5	床			
	3．床头柜	2～5	个	3．毛毯	2 ~ 5	床			
	4．餐桌	2～5	张	4．枕头	2 ~ 5	个			
	5．模拟人	2～5	个	5．床罩	4 ~ 10	床			
	6．床具支架	2～5	辆	6．床单	4 ~ 10	床			
	7．扫床车	2～5	辆	7．枕套	4 ~ 10	个			
	8．治疗车	2～5	辆	8．靠垫	1 ~ 5	个			
	9．治疗盘	2～5	个	9．防水油布	2 ~ 5	张			
	10．坐便椅	2～5	把	10．清洁衣裤	2 ~ 5	套			
	11．洗澡椅	2～5	把	11．床刷套	2 ~ 5	个			
	12．防滑垫	2～5	个	12．餐具	2 ~ 5	套			
	13．污物桶	2～5	个	13．茶杯	2 ~ 5	个			
	14．屏风	2～5	个	14．汤匙	2 ~ 5	个			
	15．轮椅	2～5	个	15．围兜	2 ~ 5	个			
	16．四脚手杖	2～5	个	16．餐巾纸	适量	包			
	17．T 型手杖	2～5	个	17．卫生纸	适量	包			
	18．腋杖	2～5	个	18．毛巾	2 ~ 5	条			
	19．步行器	2～5	个	19．方毛巾	2 ~ 5	条			
	20．平车	2～5	个	20．浴巾	2 ~ 5	条			
	21．方凳	2～5	个	21．手帕	2 ~ 5	条			
	22．4 人位桌	2～5	张	22．纸尿裤	适量	个			
	23．椅子（4 把）	2～5	套	23．护理垫	适量	个			

续表

等级	设备	数量	单位	用具	数量	单位	其他用品	数量	单位
初级	24. 录音机	2～5	台	24. 手套	适量	包			
	25. 音响器材	2～5	套	25. 橡胶手套	适量	包			
	26. 床刷	2～5	个	26. 碘伏	适量	瓶			
	27. 水盆	2～5	个	27. 纱布	适量	包			
	28. 热水壶	2～5	个	28. 棉签	适量	包			
	29. 洗头器	2～5	个	29. 一次性弯盘	适量	包			
	30. 吹风机	2～5	个	30. 模拟润唇膏	适量	支			
	31. 电动剃须刀	2～5	把	31. 模拟洗发液	1～2	支			
	32. 痰盂	2～5	个	32. 模拟润肤油	1～2	支			
	33. 便盆	2～5	个	33. 模拟开塞露	1～2	支			
	34. 冲洗壶	2～5	个	34. 吸管	适量	支			
	35. 男生殖器模型	2～5	个	35. 牙刷	适量	支			
	36. 女生殖器模型	2～5	个	36. 防滑鞋	2～5	双			
	37. 尿壶（男用）	2～5	个	37. 开襟上衣	2～5	件			
	38. 尿壶（女用）	2～5	个	38. 套头上衣	2～5	件			
	39. 便标本盒	2～5	个	39. 药杯	适量	个			
	40. 尿标本瓶	2～5	个	40. 热水袋套	2～5	个			
	41. 剪刀	2～5	把	41. 服药记录单	适量	本			
	42. 牙模	2～5	个	42. 皮肤检查单	适量	本			
	43. 义齿	2～5	个	43. 物品记录单	适量	本			
	44. 指甲刀	2～5	个	44. 记录本	适量	本			
	45. 小药箱	2～5	个	45. 签字笔	适量	支			
	46. 热水袋	2～5	个	46. 扑克牌	适量	副			
	47. 电热水袋	2～5	个	47. 麻将牌	适量	副			
	48. 水温计	2～5	个	48. 球类	适量	个			
	49. 量杯	2～5	个	49. 书报	适量	本			
	50. 手电筒	2～5	个						
	51. 镜子	2～5	个						
	52. 梳子	2～5	把						

续表

等级	设备	数量	单位	用具	数量	单位	其他用品	数量	单位
中级	1．物品柜	1	个	1．棉被	2～5	床	养老护理员工作服、帽子、护理鞋、隔离衣	3～5	套
	2．护理床	2～5	张	2．床褥	2～5	床			
	3．床头柜	2～5	个	3．毛毯	2～5	床			
	4．餐桌	2～5	张	4．枕头	2～5	个			
	5．模拟人	2～5	个	5．床罩	2～5	床			
	6．床具支架	2～5	辆	6．床单	2～5	床			
	7．屏风	2～5	个	7．枕套	2～5	个			
	8．治疗车	2～5	辆	8．靠垫	15～25	个			
	9．治疗盘	2～5	个	9．体位垫	2～5	个			
	10．四脚手杖	2～5	个	10．防水油布	2～5	张			
	11．康复助行器	2～5	个	11．清洁衣裤	2～5	套			
	12．血压计	2～5	个	12．餐具	2～5	套			
	13．听诊器	2～5	个	13．茶杯	2～5	个			
	14．医用垃圾桶	2～5	个	14．鼻饲管	2～5	支			
	15．水盆	2～5	个	15．推注器	2～5	个			
	16．便盆	2～5	个	16．围兜	2～5	个			
	17．牙模	2～5	个	17．餐巾纸	2～5	包			
	18．男生殖器模型	2～5	个	18．卫生纸	2～5	包			
	19．女生殖器模型	2～5	个	19．毛巾	2～5	条			
	20．紫外线灯	2～5	个	20．浴巾	2～5	条			
	21．氧气筒	2～5	个	21．手套	适量	包			
	22．压力装置	2～5	套	22．橡胶手套	适量	包			
	23．雾化器	2～5	个	23．碘伏	适量	瓶			
	24．超声雾化器	2～5	个	24．棉签	适量	包			
	25．热水袋	2～5	个	25．纱布	适量	包			
	26．冰袋	2～5	个	26．棉球	2～5	包			

续表

等级	设备	数量	单位	用具	数量	单位	其他用品	数量	单位
中级	27. 腋温计	2～5	支	27. 镊子	2～5	把			
	28. 口温计	2～5	支	28. 弯血管钳	适量	把			
	29. 肛温计	2～5	支	29. 压舌板	适量	包			
	30. 水温计	2～5	支	30. 一次性弯盘	2～5	包			
	31. 手电筒	2～5	个	31. 模拟润唇膏	2～5	支			
	32. 健身器材	适量	台	32. 留置导尿管	2～5	支			
	33. 康复训练阶梯	1	套	33. 一次性引流袋	适量	个			
				34. 粪袋	适量	个			
				35. 医用垃圾袋	1	包			
				36. 消毒液	适量	瓶			
				37. 隔离标识牌	2～5	个			
				38. 10 L 注射器	2～5	支			
				39. 眼药水	2～5	瓶			
				40. 眼药膏	2～5	瓶			
				41. 滴鼻液	2～5	瓶			
				42. 滴耳液	2～5	瓶			
				43. 热水袋套	2～5	个			
				44. 冰袋套	2～5	个			
				45. 开襟上衣	6～10	件			
				46. 套头上衣	适量	件			
				47. 老人防滑鞋	适量	双			
				48. 体温记录单	2～5	本			
				49. 用药记录单	2～5	本			
				50. 记录本	2～5	本			
				51. 签字笔	适量	支			

续表

等级	设备	数量	单位	用具	数量	单位	其他用品	数量	单位
高级	1．物品柜	1	套	1．棉被	2～5	床	养老护理员工作服、帽子、护理鞋	3～5	套
	2．护理床	2～5	张	2．床褥	2～5	床			
	3．床头柜	2～5	个	3．毛毯	2～5	床			
	4．模拟人	2～5	个	4．枕头	2～5	个			
	5．餐桌	2～5	张	5．床罩	2～5	床			
	6．手电筒	2～5	个	6．床单	2～5	床			
	7．床具支架	2～5	个	7．枕套	2～5	个			
	8．屏风	2～5	个	8．靠垫	15～25	个			
	9．轮椅	2～5	个	9．清洁衣裤	2～5	套			
	10．四脚手杖	2～5	个	10．餐具	2～5	套			
	11．平车	2～5	个	11．茶杯	2～5	个			
	12．量杯	2～5	个	12．汤匙	2～5	个			
	13．水盆	2～5	个	13．围兜	2～5	个			
	14．水桶	2～5	个	14．餐巾纸	适量	包			
	15．热水壶	2～5	个	15．卫生纸	2～5	包			
	16．冰袋	2～5	个	16．毛巾	2～5	条			
	17．痰盂	2～5	个	17．84 消毒液	1～2	瓶			
	18．剪刀	2～5	个	18．扫把及簸箕	2～5	套			
	19．水温计	2～5	个	19．抹布	2～5	块			
	20．紫外线灯	2～5	个	20．地板拖	适量	个			
	21．氧气筒	2～5	个	21．橡胶手套	2～5	包			
	22．压力装置	2～5	个	22．眼罩	适量	个			
	23．上肢固定夹板	2～5	个	23．紫外线强度试纸	适量	包			
	24．下肢固定夹板	2～5	个	24．消毒液检测试纸	4	包			
	25．腰部固定夹板	2～5	个	25．空气检测皿	适量	个			
	26．担架	2～5	副	26．物品表面检测管	1	个			
	27．心肺复苏模拟人	1	个	27．碘伏	适量	瓶			

续表

等级	设备	数量	单位	用具	数量	单位	其他用品	数量	单位
高级	28．健身器材	适量	台	28．棉签	适量	包			
	29．康复训练阶梯	1	套	29．纱布	适量	包			
	30．音响器材	1	套	30．弹力绷带	适量	卷			
	31．投影仪	1	套	31．胶布	适量	卷			
	32．板书用具	1	套	32．一次性弯盘	2～5	条			
	33．闹钟	1	个	33．三角巾	2～5	个			
				34．冰袋套	2～5	个			
				35．防滑鞋	1～2	双			
				36．充气便盆	2～5	个			
				37．安全保护肩带	2～5	套			
				38．安全保护腕带	2～5	套			
				39．安全保护腹带	2～5	套			
				40．安全保护膝带	3～5	套			
				41．记录本	2～5	本			
				42．签字笔	适量	支			
				43．扑克牌	适量	副			
				44．麻将牌	适量	副			
				45．球类	适量	副			
				46．书报	适量	本			
				47．植物图片	适量	张			
				48．动物图片	适量	张			
				49．花卉图片	适量	张			
				50．文具图片	适量	张			
				51．数字图片	适量	张			
				52．健康宣教书籍	适量	本			
				53．培训指导课本	适量	本			
技师	初级、中级、高级所有的设备、用具和其他用品都要具备								

1.3.3 教学资料配备要求

（1）培训规范：《养老护理员国家职业技能标准》《养老护理员职业基本素质培训要求》《养老护理员职业技能培训要求》《养老护理员职业基本素质培训课程规范》《养老护理员职业技能培训课程规范》《养老护理员职业基本素质培训考核规范》《养老护理员职业技能培训理论知识考核规范》《养老护理员职业技能培训操作技能考核规范》。

（2）教学资源、教材教辅、网络资源等内容必须符合“（1）培训规范”。

1.3.4 管理人员配备要求

（1）专职校长：1 人，应具有大专及以上文化程度、中级及以上相关专业技术职务任职资格，从事职业技术教育及教学管理 5 年以上，熟悉职业培训的有关法律法规。

（2）培训教务人员：1 人，应具有大专及以上文化程度、中级及以上相关专业技术职务任职资格，从事职业技术教育及教学管理 5 年以上，具有丰富的教学管理经验。

（3）办公室人员：1 人以上，应具有大专及以上文化程度。

（4）财务管理人员：2 人，应具有大专及以上文化程度。

1.3.5 管理制度要求

应建立健全完备的管理制度，包括办学章程与发展规划、教学管理、教师管理、学员管理、财务管理、设备管理等制度。

2 课程包

2.1 培训要求

2.1.1 职业基本素质培训要求

职业基本素质模块	培训内容	培训细目
1. 职业道德	1-1 职业道德基本知识	（1）道德 （2）职业道德
	1-2 职业守则	（1）尊老敬老、以人为本 （2）服务第一、爱岗敬业 （3）遵章守法、自律奉献
2. 职业工作须知、服务礼仪和个人防护知识	2-1 职业工作须知	（1）职业须知 （2）工作须知
	2-2 服务礼仪规范	（1）卫生礼仪要求 （2）着装礼仪要求 （3）工作礼仪要求
	2-3 个人防护	（1）工作安全防护 （2）自我照护
3. 老年人护理基础知识	3-1 老年人护理	（1）老年人生理特点 （2）老年人心理护理 （3）老年人生活、运动护理
	3-2 老年人常见疾病护理知识	（1）老年人患病主要原因和特点 （2）老年人常见疾病护理要点
	3-3 老年人营养素需求及饮食种类	（1）老年人营养素需求 （2）老年人饮食种类
4. 老年人护理方法	4-1 老年人一般情况观察方法及记录	（1）老年人一般情况观察及评估 （2）老年人特殊情况观察及评估 （3）常用护理表格内容及填写
	4-2 老年人基本救助	（1）老年人基本救助原则 （2）老年人常见基本救助
	4-3 老年人常见冲突和压力处理方法	（1）老年人常见冲突处理方法 （2）老年人常见压力处理方法

续表

职业基本素质模块	培训内容	培训细目
5．安全卫生环境保护知识	5-1　老年人安全防护规范及相关知识	（1）养老机构安全防护规范相关知识 （2）老年人安全防护规范相关知识
	5-2　老年人卫生防护知识	（1）老年人个人卫生防护基本知识 （2）老年人环境卫生防护基本知识
	5-3　老年人环境保护知识	（1）老年人环境保护设计基本原则
	5-4　老年人居室整理及消毒隔离知识	（1）老年人居室整理知识 （2）老年人居室消毒隔离知识
6．相关法律、法规知识	6-1　《中华人民共和国老年人权益保障法》相关知识	（1）《老年人权益保障法》概述 （2）《老年人权益保障法》要点解析
	6-2　《中华人民共和国劳动法》相关知识	（1）《劳动法》概述 （2）《劳动法》相关知识要点解析
	6-3　《中华人民共和国劳动合同法》相关知识	（1）《劳动合同法》概述 （2）《劳动合同法》要点解析
	6-4　《中华人民共和国消防法》相关知识	（1）《消防法》概述 （2）《消防法》要点解析
	6-5　养老机构服务标准相关知识	（1）《老年人社会福利机构基本规范》概述 （2）《老年人社会福利机构基本规范》要点解析

2.1.2　初级职业技能培训要求

职业功能模块	培训内容	技能目标	培训细目
1．生活照料	1-1　饮食照料	1-1-1　能帮助老年人进食、进水	（1）为老年人摆放进食、进水体位 （2）帮助老年人进食 （3）帮助老年人进水
		1-1-2　能观察老年人进食、进水的种类和量，报告并记录异常变化	（1）观察老年人进食、进水情况 （2）记录老年人进食、进水的种类和量 （3）报告进食、进水异常情况
		1-1-3　能发放老年人治疗饮食	（1）老年人治疗饮食的发放
		1-1-4　能在老年人呕吐时变换其体位	（1）老年人呕吐时的体位变换

续表

<table>
<tr><th>职业功能模块</th><th>培训内容</th><th>技能目标</th><th>培训细目</th></tr>
<tr><td rowspan="17">1．生活照料</td><td rowspan="9">1-2　排便照料</td><td>1-2-1　能帮助老年人如厕</td><td>（1）帮助老年人如厕</td></tr>
<tr><td>1-2-2　能帮助卧床老年人使用便盆</td><td>（1）帮助卧床老年人使用便盆</td></tr>
<tr><td>1-2-3　能帮助卧床老年人使用尿壶</td><td>（1）帮助卧床老年人使用尿壶</td></tr>
<tr><td>1-2-4　能为卧床老年人更换尿垫</td><td>（1）为卧床老年人更换尿垫</td></tr>
<tr><td>1-2-5　能为老年人更换纸尿裤</td><td>（1）为卧床老年人更换纸尿</td></tr>
<tr><td>1-2-6　能采集老年人的便标本</td><td>（1）采集老年人的便标本</td></tr>
<tr><td>1-2-7　能采集老年人的尿标本</td><td>（1）采集老年人的尿标本</td></tr>
<tr><td>1-2-8　能观察老年人排泄物情况，报告并记录异常变化</td><td>（1）观察老年人排泄物情况
（2）能记录老年人排泄物异常情况
（3）能报告老年人排泄物异常情况</td></tr>
<tr><td>1-2-9　能使用开塞露辅助老年人排便</td><td>（1）使用开塞露辅助老年人排便</td></tr>
<tr><td rowspan="2">1-3　睡眠照料</td><td>1-3-1　能为老年人布置睡眠环境</td><td>（1）为老年人布置睡眠环境</td></tr>
<tr><td>1-3-2　能观察老年人睡眠状况，报告并记录异常变化</td><td>（1）观察老年人睡眠状况
（2）报告并记录老年人睡眠异常变化</td></tr>
<tr><td rowspan="4">1-4　清洁照料</td><td>1-4-1　能为老年人整理、更换床单位</td><td>（1）为老年人整理床单位
（2）为老年人更换被服</td></tr>
<tr><td>1-4-2　能为老年人进行晨间梳洗</td><td rowspan="2">（1）为老年人洗脸、洗手
（2）为老年人梳头
（3）为老年人足浴</td></tr>
<tr><td>1-4-3　能为老年人进行晚间洗漱</td></tr>
<tr><td>1-4-4　能为老年人清洁口腔</td><td>（1）为老年人清洁口腔</td></tr>
</table>

续表

职业功能模块	培训内容	技能目标	培训细目
1．生活照料	1-4　清洁照料	1-4-5　能为老年人摘戴义齿并清洗	（1）为老年人摘戴义齿 （2）为老年人清洗义齿
		1-4-6　能为老年人清洁头发	（1）为老年人头发清洁
		1-4-7　能为老年人清洁身体	（1）为老年人清洁身体 （2）为老年人清洁会阴
		1-4-8　能为老年人修饰仪容仪表	（1）为老年人修饰仪容仪表
		1-4-9　能为老年人更衣	（1）为老年人更衣
		1-4-10　能为老年人翻身，并观察皮肤变化，报告并记录异常变化	（1）为老年人翻身，并观察皮肤变化 （2）报告老人皮肤异常变化 （3）记录老人皮肤异常变化
2．基础护理	2-1　用药照料	2-1-1　能查对并帮助老年人服药	（1）为非自理老年人用药 （2）药品管理
		2-1-2　能观察老年人用药后的反应，记录并及时报告	（1）观察老年人用药后的反应 （2）记录老年人用药后的反应 （3）报告老年人用药后的不良反应
	2-2　冷热应用护理	2-2-1　能使用热水袋为老年人保暖	（1）安全使用热水袋
		2-2-2　能为老年人进行湿热敷	（1）为老年人湿热敷
		2-2-3　能观察冷热应用中老年人皮肤异常变化，记录并及时报告	（1）观察老年人皮肤变化 （2）记录老年人皮肤变化 （3）报告老年人皮肤异常变化
	2-3　遗体照料	2-3-1　能进行老年人遗体照料	（1）老年人遗体照料
		2-3-2　能整理遗物	（1）整理遗物

续表

职业功能模块	培训内容	技能目标	培训细目
3．康复护理	3-1　康乐活动照护	3-1-1　能教老年人手工活动	（1）活动前准备 （2）手工活动设计
		3-1-2　能组织老年人进行娱乐游戏活动	（1）活动前准备 （2）娱乐游戏活动设计
	3-2　活动保护	3-2-1　能教老年人使用拐杖	（1）拐杖检查方法 （2）拐杖使用方法
		3-2-2　能使用轮椅辅助老年人进行活动	（1）轮椅检查方法 （2）轮椅使用方法
		3-2-3　能使用转运车等工具转运搬移老年人	（1）转运车检查方法 （2）转运车使用方法

2.1.3　中级职业技能培训要求

职业功能模块	培训内容	技能目标	培训细目
1．生活照料	1-1　饮食照料	1-1-1　能照料留置鼻饲管的老年人进食	（1）鼻饲管在胃内的判断 （2）带鼻饲管的老年人进食照料
		1-1-2　能对发生噎食情况的老年人采取应急救助措施	（1）老年人发生噎食情况采取应急救助措施
	1-2　排泄照料	1-2-1　能使用人工取便的方法辅助老年人排便	（1）使用人工取便的方法辅助老年人排便
		1-2-2　能为留置导尿的老年人更换尿袋	（1）留置导尿的老年人更换尿袋
		1-2-3　能为有肠造瘘的老年人更换粪袋	（1）肠造瘘的老年人更换粪袋
		1-2-4　能观察留置导尿的老年人的尿量及颜色，记录异常并及时报告	（1）观察留置导尿的老年人的颜色 （2）能记录留置导尿的老年人的尿量及颜色 （3）能报告留置导尿的老年人尿液异常情况

续表

职业功能模块	培训内容	技能目标	培训细目
1．生活照料	1-3　睡眠照料	1-3-1　能识别影响老年人睡眠的环境因素并提出改善建议	（1）识别影响老年人睡眠的环境因素 （2）提出改善睡眠环境的建议
		1-3-2　能照料有睡眠障碍的老年人入睡	（1）照料有睡眠障碍的老年人入睡
		1-3-3　能指导老年人改变不良的睡眠习惯	（1）指导老年人改变不良的睡眠习惯
	1-4　清洁照料	1-4-1　能为老年人进行口腔护理	（1）为老年人进行口腔护理
		1-4-2　能对老年人进行床旁消毒隔离	（1）对老年人进行床旁消毒隔离
2．基础护理	2-1　用药照料	2-1-1　能为老年人进行雾化吸入操作	（1）为老年人雾化吸入
		2-1-2　能为老年人应用眼、耳、鼻等外用药	（1）为老年人使用滴眼剂 （2）为老年人使用滴鼻剂 （3）为老年人使用滴耳剂
		2-1-3　能为Ⅰ度压疮老年人提供压疮处理措施	（1）为老年人处理Ⅰ度压疮
	2-2　冷热应用护理	2-2-1　能为老年人测量体温	（1）使用及维护体温计 （2）测量老年人体温
		2-2-2　能使用冰袋为高热老年人进行物理降温，观察并记录体温变化	（1）实施冰袋物理降温 （2）观察、记录体温变化
		2-2-3　能使用温水擦浴为高热老年人进行物理降温，观察并记录体温变化	（1）实施冰袋物理降温 （2）观察、记录体温变化
	2-3　安宁照护	2-3-1　能运用抚摸、握手等肢体语言为临终老年人提供慰藉支持	（1）运用肢体语言
		2-3-2　能对临终老年人及家属提供精神安慰支持	（1）安慰临终老年人 （2）安慰临终老年人家属

续表

职业功能模块	培训内容	技能目标	培训细目
3．康复护理	3-1　康乐活动照护	3-1-1　能教老年人使用健身器材进行功能锻炼	（1）为老年人介绍健身器材 （2）教老年人使用健身器材进行功能锻炼
		3-1-2　能帮助老年人进行床上体位转换	（1）评估老年人床上的活动能力 （2）帮助老年人进行床上体位转换
	3-2　功能锻炼	3-2-1　能帮助肢体功能障碍的老年人进行穿、脱衣服锻炼	（1）穿、脱衣服前评估老年人肢体功能情况 （2）穿、脱衣服锻炼
		3-2-2　能帮助老年人进行站、坐及行走等活动	（1）评估老年人活动能力 （2）协助老年人站立、端坐及行走

2.1.4　高级职业技能培训要求

职业功能模块	培训内容	技能目标	培训细目
1．生活照料	1-1　饮食照料	1-1-1　能识别老年人进食、进水困难的基本原因	（1）识别老年人进食困难的基本原因 （2）识别老年人进水困难的基本原因
		1-1-2　能对老年人不良的饮食习惯进行健康指导，并提出饮食改善建议	（1）指导老年人健康饮食 （2）提出老年人不良饮食习惯的改善建议
		1-1-3　能检查老年人治疗饮食的落实情况	（1）检查老年人治疗饮食的落实情况
		1-1-4　能识别老年人呕吐物异常，记录异常变化并及时采取应对措施	（1）识别老年人呕吐物异常 （2）记录老年人呕吐物异常 （3）老年人呕吐物异常时的应对措施
	1-2　排泄照料	1-2-1　能识别老年人排尿异常的基本原因	（1）识别老年人排尿异常的基本原因
		1-2-2　能识别老年人排便异常的基本原因	（1）老年人排便异常基本原因的识别

续表

职业功能模块	培训内容	技能目标	培训细目
2．基础护理	2-1　消毒防护	2-1-1　能对老年人的居室进行紫外线消毒	（1）使用紫外线灯消毒老年人居室 （2）维护紫外线灯
		2-1-2　能配制消毒液消毒老年人房间	（1）配制消毒液 （2）使用消毒液消毒老年人房间
	2-2　应急救护	2-2-1　能对老年人外伤出血、烫伤、跌倒等意外及时做出初步的应急处理	（1）对老年人外伤进行初步应急处理 （2）对老年人烫伤进行应急处理 （3）对老年人跌倒进行应急处理
		2-2-2　能配合医护人员对骨折老年人的应急处理	（1）配合医护人员对骨折老年人进行初步固定 （2）配合医护人员对骨折老年人进行搬移
		2-2-3　能应急处理老年人误吸、窒息和跌倒	（1）应对老年人误吸 （2）应对老年人窒息 （3）正确处理老年人跌倒
		2-2-4　能对心脏骤停老年人采取必要的应对措施	（1）为老年人实施胸外按压 （2）为老年人实施人工呼吸
		2-2-5　能遵医嘱为老年人进行氧气吸入操作	（1）为老年人实施氧气吸入
3．康复护理	3-1　康乐活动照护	3-1-1　能带领认知障碍（老年性痴呆）老年人进行文娱活动	（1）为认知障碍（老年性痴呆）老年人制订文娱活动方案 （2）带领认知障碍（老年性痴呆）老年人进行文娱活动
	3-2　功能锻炼	3-2-1　能帮助肢体障碍老年人进行功能训练	（1）为肢体障碍老年人制订训练方案 （2）能帮助肢体障碍老年人进行康复训练
		3-2-2　能帮助尿失禁老年人进行功能训练	（1）为尿失禁老年人制订训练方案 （2）帮助尿失禁老年人进行康复功能训练

续表

职业功能模块	培训内容	技能目标	培训细目
4．心理护理	4-1　心理疏导	4-1-1　能观察并识别老年人的心理变化	（1）识别老年人的抑郁情绪 （2）识别老年人认知障碍
		4-1-2　能用语言和肢体语言疏导老年人的不良情绪	（1）使用语言技巧疏导老年人的不良情绪 （2）使用非语言技巧疏导老年人的不良情绪
	4-2　心理保健	4-2-1　能为老年人及家属进行心理健康宣教	（1）设计老年人及家属心理健康宣教方案 （2）实施老年人及家属心理健康宣教方案
		4-2-2　能营造老年人交往环境，带动老年人参与兴趣活动	（1）营造老年人交往环境 （2）老年人兴趣活动的设计
5．培训指导	5-1　培训	5-1-1　能对初级养老护理员进行基础培训	（1）制订初级养老护理员培训计划 （2）实施初级养老护理员培训
		5-1-2　能编写初级养老护理员培训教案	（1）编写初级养老护理员生活照料培训教案 （2）编写初级养老护理员基础护理培训方案
	5-2　指导	5-2-1　能对初级养老护理员的实训操作给予指导	（1）指导初级养老护理员生活照料实训操作 （2）指导初级养老护理员基础护理实训操作

2.1.5　技师职业技能培训要求

职业功能模块	培训内容	技能目标	培训细目
1．基础护理	1-1　计划管理	1-1-1　能制订慢性病老年人的护理照料计划	（1）老年慢性病的特点 （2）慢性病老年人照料护理计划的制订方法 （3）制订慢性病老年人照料护理计划

续表

职业功能模块	培训内容	技能目标	培训细目
1．基础护理	1-1　计划管理	1-1-2　能评价护理计划实施结果	（1）护理计划实施结果评价知识 （2）护理计划实施结果评价方法 （3）评价老年人护理计划实施结果
		1-1-3　能对老年人护理档案进行分类保管	（1）老年人护理档案分类保管知识 （2）老年人护理档案分类保管方法
		1-1-4　能制订防止老年人发生意外的应急预案	（1）老年人安全预案的制订知识 （2）老年人安全预案制订方法 （3）制订老年人相关安全意外预案
	1-2　环境设计	1-2-1　能识别并消除有损老年人健康的环境因素	（1）不利于老年人健康的生活环境因素 （2）识别和消除不利于健康的生活环境因素的方法 （3）识别并消除不利于老年人健康的环境因素
		1-2-2　能设计适合不同疾病状态老年人（如中风老年人等）的生活环境	（1）各种疾病状态下老年人常见表现 （2）设计老年人生活环境的方法 （3）为不同疾病状态老年人设计生活环境
		1-2-3　能优化设计老年人的生活环境	（1）老年人生活环境优化的设计知识 （2）老年人生活环境优化设计方法 （3）优化设计老年人的生活环境
	1-3　技术创新	1-3-1　能对老年人照料、护理技术进行创新	（1）技术创新概念 （2）对老年人照料、护理技术进行创新
		1-3-2　能撰写老年人照料、护理方面的技术总结或论文	（1）论文撰写一般知识 （2）论文撰写方法 （3）撰写老年人照料、护理技术总结或论文
		1-3-3　能对老年用品提出技术改良建议	（1）老年人用品技术改良的意义 （2）提出老年人用品技术改良建议

续表

职业功能模块	培训内容	技能目标	培训细目
2．康复护理	2-1　功能锻炼	2-1-1　能帮助言语障碍的老年人进行言语锻炼	（1）为言语障碍老年人制订功能锻炼方案 （2）帮助言语障碍老年人进行康复功能锻炼
		2-1-2　能帮助吞咽障碍的老年人进行吞咽功能锻炼	（1）为吞咽障碍老年人制订功能锻炼方案 （2）能帮助吞咽障碍老年人进行康复功能锻炼
	2-2　活动评价	2-2-1　能使用量表评价老年运功功能	（1）选择适宜的评价量表 （2）评定老年人运动功能
		2-2-2　能制订肢体功能障碍老年人康复计划	（1）制订肢体功能障碍老年人锻炼目标 （2）制订肢体功能障碍老年人锻炼方案 （3）实施效果评价
3．心理护理	3-1　心理辅导	3-1-1　能制订老年人心理辅导基本方案	（1）制订老年人个体心理辅导基本方案 （2）制订老年人团体心理辅导基本方案
		3-1-2　能为老年人讲解基本的心理健康知识	（1）用讲解法为老年人讲解心理健康知识 （2）用讨论法为老年人讲解心理健康知识 （3）用角色扮演法为老年人讲解心理健康知识
	3-2　心理疏导	3-2-1　能使用心理调治方法疏导并稳定老年人的不良情绪	（1）用合理情绪法疏导老年人不良情绪 （2）用放松训练法疏导老年人不良情绪 （3）用音乐疗法疏导老年人不良情绪
		3-2-2　能评估老年人心理辅导效果	（1）评估老年人心理辅导效果

续表

职业功能模块	培训内容	技能目标	培训细目
4．护理管理	4–1　组织管理	4–1–1　能制订养老护理员岗位职责和工作程序与照护流程	（1）养老护理员岗位职责的制订 （2）养老护理员工作程序的制订 （3）养老护理员照护流程的制订
		4–1–2　能起草养老护理员的管理制度	（1）起草养老护理员管理制度
		4–1–3　能对养老护理工作程序和护理流程提出持续改进的意见	（1）对养老护理工作程序提出持续改进意见 （2）对养老护理工作流程提出持续改进意见
		4–1–4　能对养老护理计划和方案予以检查和控制	（1）对养老护理计划和方案给以控制
		4–1–5　能制订养老护理员考核办法	（1）制订养老护理员岗位职责与考核方法
	4–2　质量管理	4–2–1　能制订养老护理质量控制方案	（1）制订养老护理质量控制方案
		4–2–2　能制订养老护理技术操作规程	（1）制订养老护理员操作规程
		4–2–3　能运用信息技术进行信息化管理	（1）运用信息技术进行信息化管理
5．培训指导	5–1　培训	5–1–1　能对中级、高级养老护理员进行基础培训	（1）培训中级养老护理员 （2）培训高级养老护理员
		5–1–2　能编写中级、高级养老护理员教案	（1）编写中级养老护理员培训方案 （2）编写高级养老护理员培训方案
	5–2　指导	5–2–1　能对中级、高级养老护理员实训操作给予指导	（1）指导中级养老护理员实训操作 （2）指导高级养老护理员实训操作

2.2 课程规范

2.2.1 职业基本素质培训课程规范

<table>
<tr><th>模块</th><th>课程</th><th>学习单元</th><th>课程内容</th><th>培训建议</th><th>课堂学时</th></tr>
<tr><td rowspan="13">1. 职业道德</td><td rowspan="7">1-1 职业道德基本知识</td><td rowspan="3">（1）道德</td><td>1）道德概述</td><td rowspan="3">（1）方法：讲授法、案例教学法等
（2）重点与难点：道德的作用</td><td rowspan="3">1</td></tr>
<tr><td>2）道德特点</td></tr>
<tr><td>3）道德的作用</td></tr>
<tr><td rowspan="4">（2）职业道德</td><td>1）职业道德概述</td><td rowspan="4">（1）方法：讲授法、案例教学法
（2）重点与难点：职业道德的作用</td><td rowspan="4">2</td></tr>
<tr><td>2）职业道德基本要素</td></tr>
<tr><td>3）职业道德基本特点</td></tr>
<tr><td>4）职业道德的作用</td></tr>
<tr><td rowspan="6">1-2 职业守则</td><td rowspan="6">（1）职业守则</td><td>1）尊老敬老</td><td rowspan="6">（1）方法：讲授法、案例教学法
（2）重点与难点：如何遵守职业守则</td><td rowspan="6">1</td></tr>
<tr><td>2）以人为本</td></tr>
<tr><td>3）服务第一</td></tr>
<tr><td>4）爱岗敬业</td></tr>
<tr><td>5）遵章守法</td></tr>
<tr><td>6）自律奉献</td></tr>
<tr><td rowspan="3">2. 职业工作须知、服务礼仪和个人防护知识</td><td rowspan="3">2-1 职业工作须知</td><td rowspan="3">（1）职业须知</td><td>1）为老年人服务</td><td rowspan="3">（1）方法：讲授法、案例教学法
（2）重点与难点：养老护理职业意义</td><td rowspan="3">1</td></tr>
<tr><td>2）为养老机构服务</td></tr>
<tr><td>3）为社会服务</td></tr>
</table>

续表

<table>
<tr><th>模块</th><th>课程</th><th>学习单元</th><th>课程内容</th><th>培训建议</th><th>课堂学时</th></tr>
<tr><td rowspan="23">2．职业工作须知、服务礼仪和个人防护知识</td><td rowspan="5">2-1　职业工作须知</td><td rowspan="5">（2）工作须知</td><td>1）提供生活照护</td><td rowspan="5">（1）方法：讲授法、观摩法
（2）重点与难点：为老年人提供五项服务的目的</td><td rowspan="5">1</td></tr>
<tr><td>2）提供基础照护</td></tr>
<tr><td>3）提供康复照护</td></tr>
<tr><td>4）提供心理照护</td></tr>
<tr><td>5）提供安宁照护</td></tr>
<tr><td rowspan="12">2-2　服务礼仪规范</td><td rowspan="4">（1）卫生礼仪要求</td><td>1）日常卫生要求</td><td rowspan="9">（1）方法：讲授法、案例教学法、观摩法
（2）重点与难点：养老护理卫生、着装礼仪的意义</td><td rowspan="9">1</td></tr>
<tr><td>2）头发卫生要求</td></tr>
<tr><td>3）双手卫生要求</td></tr>
<tr><td>4）其他卫生要求</td></tr>
<tr><td rowspan="5">（2）着装礼仪要求</td><td>1）干净整齐</td></tr>
<tr><td>2）色彩淡雅</td></tr>
<tr><td>3）协调得体</td></tr>
<tr><td>4）鞋袜轻便</td></tr>
<tr><td>5）饰物适宜</td></tr>
<tr><td rowspan="3">（3）工作礼仪要求</td><td>1）服务态度要求</td><td rowspan="3">（1）方法：讲授法、案例、观摩法
（2）重点与难点：养老护理工作礼仪的意义</td><td rowspan="3">1</td></tr>
<tr><td>2）语言礼仪要求</td></tr>
<tr><td>3）举止礼仪要求</td></tr>
<tr><td rowspan="7">2-3　个人防护</td><td rowspan="7">（1）工作安全防护</td><td>1）预防老年人跌倒</td><td rowspan="7">（1）方法：讲授法、案例教学法、观摩法
（2）重点与难点：安全防护的意义</td><td rowspan="7">1</td></tr>
<tr><td>2）预防老年人肌肉拉伤</td></tr>
<tr><td>3）预防老年人腰扭伤</td></tr>
<tr><td>4）预防老年人患流感</td></tr>
<tr><td>5）预防老年人患胃肠炎</td></tr>
<tr><td>6）预防老年人伤害</td></tr>
<tr><td>7）预防老年人的家属伤害</td></tr>
</table>

续表

模块	课程	学习单元	课程内容	培训建议	课堂学时
2. 职业工作须知、服务礼仪和个人防护知识	2–3 个人防护	(2) 自我照护	1) 养老护理员的常见压力和处理方法	(1) 方法：讲授法、案例教学法、观摩法、角色扮演法等 (2) 重点与难点：应对冲突的实用方法	2
			2) 交流沟通技巧		
			3) 应对冲突的方式		
			4) 应对冲突的实用方法		
3. 老年人护理基础知识	3–1 老年人护理	(1) 老年人正常基本结构、功能与衰老表现	1) 运动系统基本结构、功能与衰老表现	(1) 方法：讲授法、案例教学法、观摩法、角色扮演法等 (2) 重点与难点：老年人衰老的主要表现	6
			2) 呼吸系统基本结构、功能与衰老表现		
			3) 消化系统基本结构、功能与衰老表现		
			4) 循环系统基本结构、功能与衰老表现		
			5) 泌尿系统基本结构、功能与衰老表现		
			6) 生殖系统基本结构、功能与衰老表现		
			7) 神经系统基本结构、功能与衰老表现		
			8) 内分泌系统基本结构、功能与衰老表现		
			9) 感觉器官基本结构、功能与衰老表现		

续表

模块	课程	学习单元	课程内容	培训建议	课堂学时
3．老年人护理基础知识	3-1　老年人护理	（1）老年人正常基本结构、功能与衰老表现	10）免疫系统基本结构、功能与衰老表现		
			11）人体整体衰老表现的时间和特点		
		（2）老年人心理改变因素	1）生理因素引起的心理改变	（1）方法：讲授法、案例教学法、观摩法 （2）重点与难点：老年人心理改变的主要因素	2
			2）社会因素引起的心理改变		
			3）家庭因素引起的心理改变		
		（3）老年人心理护理特点	1）老年人心理改变的特点	（1）方法：讲授法、案例教学法、观摩法等 （2）重点与难点：心理护理的主要特点	2
			2）心理改变对老年人健康影响的特点		
			3）心理护理的特点		
		（4）老年人生活护理特点	1）饮食护理特点	（1）方法：讲授法、案例教学法、观摩法等 （2）重点与难点：生活和运动护理的主要特点	2
			2）排泄护理特点		
			3）睡眠护理特点		
			4）清洁护理特点		
			5）被动运动特点		
			6）协助运动特点		
			7）主动运动特点		

续表

模块	课程	学习单元	课程内容	培训建议	课堂学时
3．老年人护理基础知识	3-2 老年人常见疾病护理知识	（1）老年人患病主要原因和特点	1）衰老 2）免疫功能改变 3）患病率高 4）患病特点	（1）方法：讲授法、案例教学法、观摩法等 （2）重点与难点：老年人衰老常见原因	2
		（2）老年人常见疾病护理要点	1）高血压病护理要点 2）冠心病护理要点 3）心力衰竭护理要点 4）糖尿病护理要点 5）脑血管病护理要点 6）慢性支气管炎护理要点 7）慢性胃炎护理要点 8）上消化道出血护理要点 9）老年骨关节炎护理要点 10）肩关节周围炎护理要点 11）癫痫护理要点 12）帕金森病护理要点 13）认知障碍护理要点 14）肾功能衰竭护理要点 15）晚期癌症护理要点	（1）方法：讲授法、案例教学法、观摩法、角色扮演法等 （2）重点与难点：老年人常见慢性病的症状及护理要点	4

续表

模块	课程	学习单元	课程内容	培训建议	课堂学时
3．老年人护理基础知识	3-3　老年人营养素需求及饮食种类	（1）老年人营养素需求与饮食种类	1）营养素种类 2）各类营养素功能 3）老年人营养素需求特点 4）老年人营养素需求原则 5）基本饮食种类及适应证 6）治疗饮食种类及适应证	（1）方法：讲授法、案例教学法、观摩法等 （2）重点与难点：老年人营养素需求原则及饮食种类	1
4．老年人护理方法	4-1　老年人一般情况观察方法及记录	（1）老年人一般情况观察及评估	1）老年人观察 2）老年人一般情况评估表格填写	（1）方法：讲授法、案例教学法、观摩法等 （2）重点与难点：老年人观察和一般情况评估量表填写	1
		（2）老年人特殊情况观察及评估	1）老年人常见特殊情况观察 ①压疮 ②坏疽 ③坠床 ④跌倒 ⑤猝死 ⑥失能 ⑦抑郁 ⑧认知障碍 2）老年人常见特殊情况评估表的使用 ①压疮风险评估表 ②坏疽风险评估表 ③坠床风险评估表 ④跌倒风险评估表 ⑤猝死风险评估表 ⑥失能风险评估表 ⑦抑郁风险评估量表 ⑧认知障碍风险评估量表	（1）方法：讲授法、案例教学法、观摩法等 （2）重点与难点：老年人常见特殊情况表现及评估表的使用	2

续表

模块	课程	学习单元	课程内容	培训建议	课堂学时
4．老年人护理方法	4-1　老年人一般情况观察方法及记录	（3）老年人常用护理记录表格内容及填写	1）老年人常用护理记录表格内容	（1）方法：讲授法、案例教学法、观摩法等 （2）重点与难点：老年人护理记录填写注意事项	1
			2）老年人常用护理记录填写注意事项		
	4-2　老年人基本救助	（1）老年人基本救助目的、注意事项与原则	1）基本救助目的	（1）方法：讲授法、案例教学法、观摩法等 （2）重点与难点：老年人基本救助的原则	2
			2）基本救助注意事项		
			3）呼吸心跳停止救助原则		
			4）噎食救助原则		
			5）外伤出血救助原则		
			6）外伤骨折救助原则		
	4-3　老年人常见冲突和压力处理方法	（1）老年人常见冲突处理方法	1）常见冲突 ①老年人与子女 ②老年人与老年人 ③老年人与养老护理员 ④老年人家属与养老护理员	（1）方法：讲授法、案例教学法、观摩法、角色扮演法等 （2）重点与难点：老年人常见冲突的处理方法	1
			2）常见冲突处理方法 ①缓解老年人与子女的冲突 ②缓解老年人与老年人的冲突 ③缓解老年人与养老护理员的冲突 ④缓解老年人家属与养老护理员的冲突		

续表

模块	课程	学习单元	课程内容	培训建议	课堂学时
4. 老年人护理方法	4–4 老年人常见冲突和压力处理方法	（1）老年人常见压力处理方法	1）常见压力 ①惧怕衰老 ②惧怕疾病 ③惧怕孤独 ④惧怕死亡	（1）方法：讲授法、案例教学法、观摩法、角色扮演法等 （2）重点与难点：老年人常见压力处理方法	1
			2）常见压力处理方法 ①缓解惧怕衰老 ②缓解惧怕疾病 ③缓解惧怕孤独 ④缓解惧怕死亡		
5. 安全卫生环境保护知识	5–1 老年人安全防护规范及相关知识	（1）养老机构安全防护规范相关知识	1）养老机构安全防护规范	（1）方法：讲授法、案例教学法、观摩法等 （2）重点与难点：养老机构安全规范	1
			2）养老护理员安全防护规范		
		（2）老年人安全防护规范相关知识	1）老年人常见安全问题 ①跌倒常见原因 ②坠床常见原因 ③走失常见原因 ④噎食常见原因 ⑤烫伤常见原因	（1）方法：讲授法、案例教学法、观摩法、角色扮演法等 （2）重点与难点：老年人常见安全问题防护方法	2
			2）老年人安全防护方法 ①预防跌倒的方法 ②预防坠床的方法 ③预防走失的方法 ④预防噎食的方法 ⑤预防烫伤的方法		
	5–2 老年人卫生防护知识	（1）老年人个人与环境卫生防护基本知识	1）个人卫生防护基本规范	（1）方法：讲授法、案例教学法、观摩法等 （2）重点与难点：老年人个人与环境卫生防护要求	1
			2）个人卫生防护基本要求		
			3）环境卫生防护基本规范		
			4）环境卫生防护基本要求		

续表

模块	课程	学习单元	课程内容	培训建议	课堂学时
5．安全卫生环境保护知识	5-3　老年人环境保护知识	（1）老年人环境保护设计基本原则	1）老年人常见环境安全问题 2）老年人环境设计基本原则 ①居室设计 ②卫生间设计 ③浴室设计 ④活动室设计	（1）方法：讲授法、案例教学法、观摩法等 （2）重点与难点：老年人环境安全	2
	5-4　老年人居室整理及消毒隔离知识	（1）老年人居室整理与消毒隔离基本知识	1）居室整理的原则和方法 2）居室整理的注意事项 3）消毒的基本常识 4）隔离的基本常识	（1）方法：讲授法、案例教学法、观摩法等 （2）重点与难点：老年人居室整理注意事项	1
6．相关法律、法规知识	6-1《中华人民共和国老年人权益保障法》相关知识	（1）《老年人权益保障法》概述及要点解析	1）发布时间和依据 2）总则及分则相关知识概述 3）《老年人权益保障法》要点解析 ①老年人的权益 ②老年人的赡养 ③老年人婚姻与财产处理 ④老年人养老金解析 ⑤老年人医疗解析 ⑥老年人住房解析 ⑦老年人参与社会发展 ⑧老年人权益受侵害的处理	（1）方法：讲授法、案例教学法、观摩法等 （2）重点与难点：老年人权益保障法要点解析	1

续表

模块	课程	学习单元	课程内容	培训建议	课堂学时
6．相关法律、法规知识	6–2《中华人民共和国劳动法》相关知识	(1)《劳动法》概述及要点解析	1）发布时间 2）主要内容 3）《劳动法》要点解析 ①劳动合同 ②工作时间和休息休假 ③工资 ④劳动安全卫生 ⑤女职工和未成年工特殊保护	(1) 方法：讲授法、案例教学法、观摩法等 (2) 重点与难点：《劳动法》要点解析	1
	6–3《中华人民共和国劳动合同法》相关知识	(1)《劳动合同法》概述及要点解析	1）发布时间 2）主要内容 3）《劳动合同法》要点解析 ①劳动合同要用书面形式 ②用人单位向员工收取押金解析 ③试用期解析 ④劳动合同必备条款解析 ⑤违约金解析 ⑥无固定期限劳动合同解析 ⑦劳务派遣用工成本提高解析 ⑧工作中应注意的问题解析	(1) 方法：讲授法、案例教学法、观摩法等 (2) 重点与难点：《劳动合同法》要点解析	1

续表

模块	课程	学习单元	课程内容	培训建议	课堂学时
6. 相关法律、法规知识	6-4《中华人民共和国消防法》相关知识	(1)《消防法》概述及要点解析	1）发布时间	(1) 方法：讲授法、案例教学法、观摩法等 (2) 重点与难点：《消防法》要点解析	1
			2）主要内容		
			3）《消防法》要点解析 ①消防工作方针原则 ②政府责任 ③消防宣传教育 ④单位消防安全职责 ⑤安全许可 ⑥消防组织 ⑦灭火救援 ⑧监督检查 ⑨公民的消防权利和义务 ⑩消防违法行为		
	6-5 养老机构服务标准相关知识	(1)《老年人社会福利机构基本规范》概述及要点解析	1）实施日期	(1) 方法：讲授法、案例教学法、观摩法等 (2) 重点与难点：《老年人社会福利机构基本规范》要点解析	1
			2）实施意义		
			3）《老年人社会福利机构基本规范》要点解析 ①饮食服务要求解析 ②护理服务要求解析 ③康复服务要求解析 ④心理服务要求解析 ⑤管理方面要求解析 ⑥人力资源配置要求解析 ⑦制度建设要求解析 ⑧设施设备要求解析		
课堂学时合计					50

2.2.2 初级职业技能培训课程规范

模块	课程	学习单元	课程内容	培训建议	课堂学时
1. 生活照料	1–1 饮食照料	(1) 老年人进食、进水体位的摆放	1）老年人进食、进水概述	(1) 方法：讲授法、演示法、实训（练习）法 (2) 重点与难点：老年人进食、进水体位摆放	8
			2）进食、进水体位摆放操作		
			3）进食体位摆放操作注意事项		
			4）帮助老年人进食操作		
			5）帮助老年人进食操作注意事项		
			6）帮助老年人进水操作		
			7）帮助老年人进水操作注意事项		
		(2) 老年人进食、进水情况观察、记录及报告	1）老年人进食、进水观察概述	(1) 方法：讲授法、演示法、实训（练习）法 (2) 重点与难点：老年人进食、进水异常情况的观察	4
			2）进食的观察		
			3）吞咽困难、进食呛咳观察要点		
			4）进食、进水的种类和量的记录		
			5）报告的内容及流程		
			6）进食、进水的观察、记录及报告注意事项		

续表

模块	课程	学习单元	课程内容	培训建议	课堂学时
1．生活照料	1–1　饮食照料	（3）老年人治疗饮食的发放	1）老年人治疗饮食概述	（1）方法：讲授法、案例法、情景模拟法 （2）重点与难点：治疗饮食发放前的核对	2
			2）老年人治疗饮食的种类		
			3）治疗饮食发放操作		
			4）治疗饮食发放操作注意事项		
		（4）老年人呕吐时体位变换	1）老年人恶心、呕吐概述	（1）方法：讲授法、演示法、实训（练习）法 （2）重点与难点：为老年人呕吐时变换其体位操作	8
			2）呕吐时体位变换的重要性		
			3）呕吐的照料		
			4）呕吐时变换体位操作		
			5）呕吐时变换体位操作注意事项		
	1–2　排便照料	（1）帮助老年人如厕	1）老年人排泄概述	（1）方法：讲授法、演示法、实训（练习）法 （2）重点与难点：帮助老年人如厕操作	4
			2）排泄异常的观察		
			3）排泄异常的护理		
			4）帮助老年人如厕操作		
			5）帮助老年人如厕操作注意事项		

续表

<table>
<tr><th>模块</th><th>课程</th><th>学习单元</th><th>课程内容</th><th>培训建议</th><th>课堂学时</th></tr>
<tr><td rowspan="15">1．生活照料</td><td rowspan="15">1–2　排便照料</td><td rowspan="5">（2）卧床老年人使用便盆</td><td>1）影响排便的环境因素</td><td rowspan="5">（1）方法：讲授法、演示法、实训（练习）法
（2）重点与难点：便盆的放置和撤出</td><td rowspan="5">8</td></tr>
<tr><td>2）帮助老年人养成规律排便的习惯</td></tr>
<tr><td>3）便盆材质及种类</td></tr>
<tr><td>4）床上使用便盆操作</td></tr>
<tr><td>5）使用便盆操作注意事项</td></tr>
<tr><td rowspan="3">（3）卧床老年人使用尿壶</td><td>1）尿壶的种类</td><td rowspan="3">（1）方法：讲授法、演示法、实训（练习）法
（2）重点与难点：尿壶的放置</td><td rowspan="3">8</td></tr>
<tr><td>2）床上使用尿壶操作</td></tr>
<tr><td>3）使用尿壶操作注意事项</td></tr>
<tr><td rowspan="4">（4）卧床老年人更换尿垫</td><td>1）老年人尿失禁概述</td><td rowspan="4">（1）方法：讲授法、演示法、实训（练习）法
（2）重点与难点：为卧床老年人更换尿垫操作</td><td rowspan="4">8</td></tr>
<tr><td>2）尿垫的种类及适用范围</td></tr>
<tr><td>3）更换尿垫操作</td></tr>
<tr><td>4）更换尿垫操作注意事项</td></tr>
<tr><td rowspan="3">（5）老年人纸尿裤更换</td><td>1）尿裤的种类及适用范围</td><td rowspan="3">（1）方法：讲授法、演示法、实训（练习）法
（2）重点与难点：为老年人更换纸尿裤操作</td><td rowspan="3">8</td></tr>
<tr><td>2）更换纸尿裤操作</td></tr>
<tr><td>3）更换纸尿裤操作的注意事项</td></tr>
</table>

续表

模块	课程	学习单元	课程内容	培训建议	课堂学时
1．生活照料	1–2　排便照料	(6) 老年人便标本采集	1）老年人便标本采集概述	(1) 方法：讲授法、演示法、实训（练习）法 (2) 重点与难点：采集老年人的便标本操作	4
			2）采集便标本操作		
			3）采集便标本操作注意事项		
		(7) 老年人尿标本采集	1）老年人尿标本采集概述	(1) 方法：讲授法、演示法、实训（练习）法 (2) 重点与难点：采集老年人的尿标本操作	4
			2）采集尿标本操作		
			3）采集尿标本操作注意事项		
		(8) 老年人排泄物观察、报告及记录	1）正常粪便的性状、颜色、量	(1) 方法：讲授法、演示法、实训（练习）法 (2) 重点与难点：老年人排泄物异常的观察	4
			2）老年人粪便异常的观察		
			3）正常尿液的性状、颜色、量		
			4）尿液异常的观察		
			5）排泄异常报告内容及记录方法		
			6）报告的流程		
			7）报告记录注意事项		
		(9) 老年人开塞露通便	1）解除便秘的常用方法	(1) 方法：讲授法、演示法、实训（练习）法 (2) 重点与难点：使用开塞露辅助老年人排便操作	8
			2）使用开塞露的时机		
			3）开塞露的用法及用量		
			4）开塞露作用机理及适应证		
			5）使用开塞露辅助排便操作		
			6）使用开塞露辅助排便操作注意事项		

续表

模块	课程	学习单元	课程内容	培训建议	课堂学时
1．生活照料	1–3　睡眠照料	（1）老年人睡眠环境布置	1）老年人睡眠特点	（1）方法：讲授法、演示法、实训（练习）法 （2）重点与难点：为老年人布置睡眠环境	4
			2）睡眠环境概述		
			3）睡眠环境要求		
			4）布置睡眠环境操作		
			5）布置睡眠环境操作注意事项		
		（2）老年人睡眠状况观察、报告及记录	1）睡眠质量定义	（1）方法：讲授法、实训（练习）法 （2）重点与难点：观察老年人睡眠状况，报告并记录异常变化	4
			2）睡眠观察内容		
			3）异常睡眠报告内容		
			4）异常睡眠记录及流程		
			5）观察并记录异常睡眠操作		
			6）观察并记录异常睡眠操作注意事项		
	1–4　清洁照料	（1）老年人床单位整理	1）生活环境照料	（1）方法：讲授法、实训（练习）法、演示法、角色扮演法 （2）重点与难点：为老年人整理床单位	8
			2）居室卫生要求		
			3）更换被服要求		
			4）整理床单位操作		
			5）整理床单位操作注意事项		
			6）整理卧床老年人床单位操作		
			7）整理卧床老年人床单位操作注意事项		

续表

模块	课程	学习单元	课程内容	培训建议	课堂学时
1．生活照料	1-4 清洁照料	（2）老年人被服更换	8）更换被服操作	（1）方法：讲授法、实训（练习）法、演示法、角色扮演法 （2）重点与难点：为老年人更换被服	8
			9）更换被服操作注意事项		
			10）更换卧床老年人被服操作		
			11）更换卧床老年人被服操作注意事项		
		（3）老年人晨、晚生活照料	1）晨、晚间梳洗概述	（1）方法：讲授法、实训（练习）法、演示法、角色扮演法 （2）重点与难点：老年人晨间梳洗操作	8
			2）晨间梳洗操作		
			3）晨间梳洗操作注意事项		
			4）头发梳理操作		
			5）头发梳理操作注意事项		
			6）足浴操作		
			7）足浴操作注意事项		
		（4）老年人口腔清洁	1）口腔健康的标准	（1）方法：讲授法、实训（练习）法、演示法、角色扮演法 （2）重点与难点：使用棉棒擦拭清洁口腔操作	8
			2）口腔清洁的重要性		
			3）保持口腔健康的方法		
			4）老年人口腔清洁的方法		
			5）协助老年人漱口操作		
			6）协助老年人漱口操作注意事项		

续表

模块	课程	学习单元	课程内容	培训建议	课堂学时
1．生活照料	1–4　清洁照料	（4）老年人口腔清洁	7）协助老年人刷牙的操作		
			8）协助老年人刷牙的操作注意事项		
			9）使用棉棒擦拭清洁口腔操作		
			10）使用棉棒擦拭清洁口腔操作注意事项		
		（5）老年人义齿摘戴及清洗	1）义齿的定义及作用	（1）方法：讲授法、实训（练习）法、演示法、角色扮演法 （2）重点与难点：为老年人摘戴义齿，并清洗	4
			2）佩戴义齿的注意事项		
			3）义齿的摘取和佩戴方法		
			4）义齿的清洗、存放原则		
			5）摘戴义齿操作		
			6）摘戴义齿操作注意事项		
			7）清洁义齿操作		
			8）清洁义齿操作注意事项		
		（6）老年人头发清洁	1）老年人洗发要求	（1）方法：讲授法、实训（练习）法、演示法、角色扮演法 （2）重点与难点：为老年人床上洗发操作	4
			2）头发的养护方法		
			3）坐位洗发操作		
			4）坐位洗发操作注意事项		
			5）床上洗发操作		
			6）床上洗发操作注意事项		

续表

模块	课程	学习单元	课程内容	培训建议	课堂学时
1．生活照料	1-4　清洁照料	(7) 老年人身体清洁	1）身体清洁概述	(1) 方法：讲授法、实训（练习）法、演示法、角色扮演法 (2) 重点与难点：为老年人床上擦浴操作	8
			2）协助老年人淋浴操作		
			3）协助老年人淋浴操作注意事项		
			4）协助老年人盆浴操作		
			5）协助老年人盆浴操作注意事项		
			6）为老年人床上擦浴操作		
			7）为老年人床上擦浴操作注意事项		
			8）会阴清洁操作		
			9）会阴清洁操作注意事项		
		(8) 老年人仪容仪表修饰	1）仪容仪表概述	(1) 方法：讲授法、实训（练习）法、演示法、角色扮演法 (2) 重点与难点：为老年人剃须	4
			2）修剪指（趾）甲操作		
			3）修剪指（趾）甲操作注意事项		
			4）剃须操作		
			5）剃须操作注意事项		
			6）修饰仪容仪表操作		
			7）修饰仪容仪表操作注意事项		

续表

模块	课程	学习单元	课程内容	培训建议	课堂学时
1．生活照料	1–4 清洁照料	（9）老年人更衣	1）老年人适宜穿着服装	（1）方法：讲授法、实训（练习）法、演示法、角色扮演法 （2）重点与难点：为老年人更衣	4
			2）老年人适合穿着鞋袜		
			3）更换开襟衣服操作		
			4）更换开襟衣服操作注意事项		
			5）更换套头上衣操作		
			6）更换套头上衣操作注意事项		
			7）更换裤子操作		
			8）更换裤子操作注意事项		
		（10）卧床老年人翻身叩背预防压疮	1）预防压疮知识概述	（1）方法：讲授法、实训（练习）法、演示法、角色扮演法 2）重点与难点：卧床老年人翻身叩背预防压疮操作	8
			2）预防压疮的观察要点		
			3）预防压疮方法		
			4）观察皮肤变化的报告与记录		
			5）翻身叩背预防压疮操作		
			6）翻身扣背预防压疮操作注意事项		

续表

模块	课程	学习单元	课程内容	培训建议	课堂学时
2．基础护理	2-1 用药照料	(1) 老年人的用药照料	1) 常用口服药概述 2) 不按时服药原因分析 3) 药物吞咽困难的原因分析 4) 药物的储备量及保管方法	(1) 方法：讲授法 (2) 重点：用药原则	4
		(2) 老年人用药后反应的观察、记录及报告	1) 各类口服药服药后的观察要点 2) 用药后不良反应的观察及处理	(1) 方法：讲授法 (2) 重点：各类口服药服药后的观察要点	2
	2-2 冷热应用护理	(1) 老年人热水袋的使用	1) 使用热水袋概述 2) 安全使用热水袋的方法 3) 热水袋使用操作流程 4) 热水袋使用注意事项 5) 使用热水袋时的观察要点	(1) 方法：讲授法、演示法 (2) 重点与难点：热水袋使用的操作流程、使用热水袋时的注意事项及观察要点	4
		(2) 为老年人湿热敷	1) 湿热敷概述 2) 湿热敷方法 3) 湿热敷操作流程 4) 湿热敷注意事项	(1) 方法：讲授法、演示法 (2) 重点：湿热敷操作流程	4
		(3) 老年人皮肤的观察、记录及异常变化报告	1) 冷热应用概述 2) 冷热应用所致皮肤损伤表现 3) 冷热应用时皮肤的观察、记录、报告	(1) 方法：讲授法 (2) 重点：老年人皮肤损伤的表现	2

续表

模块	课程	学习单元	课程内容	培训建议	课堂学时
2．基础护理	2-3　遗体照料	（1）老年人遗体照料	1）遗体照料概述	（1）方法：讲授法、演示法 （2）重点与难点：遗体照料方法	4
			2）遗体照料方法		
			3）遗体照料注意事项		
		（2）整理遗物	1）整理遗物的原则	（1）方法：讲授法 （2）重点：整理遗物的原则	2
			2）整理遗物的方法		
			3）整理遗物的注意事项		
3．康复护理	3-1　康乐活动照护	（1）老年人手工活动	1）手工活动的概述 ①手工活动意义和目的 ②手工活动的类型	（1）方法：讲授法、演示法 （2）重点与难点：手工活动的意义和设计原则、手工活动的注意事项	4
			2）手工活动设计的原则		
			3）手工活动的注意事项		
		（2）老年人娱乐游戏活动	1）娱乐游戏活动概述 ①娱乐游戏活动的意义和目的 ②娱乐游戏活动的类型	（1）方法：讲授法、演示法 （2）重点与难点：娱乐游戏活动的意义和原则、娱乐游戏活动的注意事项	4
			2）娱乐游戏活动设计的原则		
			3）娱乐游戏活动的注意事项		

续表

模块	课程	学习单元	课程内容	培训建议	课堂学时
3．康复护理	3-2　活动保护	（1）拐杖使用	1）拐杖概述 ①拐杖类型 ②拐杖选择	（1）方法：讲授法、演示法 （2）重点与难点：拐杖的检查、拐杖的使用方法	4
			2）拐杖检查和使用方法		
			3）拐杖使用注意事项		
		（2）轮椅使用	1）轮椅类型	（1）方法：讲授法、演示法 （2）重点与难点：轮椅的检查、轮椅的使用方法	4
			2）轮椅选择		
			3）轮椅检查		
			4）轮椅使用方法		
			5）轮椅使用注意事项		
		（3）转运车使用	1）转运车概述 ①转运车类型 ②转运车选择	（1）方法：讲授法、演示法 （2）重点与难点：转运车的检查、使用转运车转运老年人	2
			2）使用转运车转运老年人方法		
			3）转运平车使用注意事项		
课堂学时合计					190

2.2.3　中级职业技能培训课程规范

模块	课程	学习单元	课程内容	培训建议	课堂学时
1．生活照料	1-1　饮食照料	（1）老年人鼻饲进食照料	1）鼻饲概述 ①鼻饲定义 ②鼻饲的目的 ③鼻饲的适应证 ④鼻饲饮食的种类、成分及特点	（1）方法：讲授法、演示法、实训（练习）法 （2）重点与难点：判断鼻饲管在胃内的方法	8

续表

模块	课程	学习单元	课程内容	培训建议	课堂学时
1. 生活照料	1-1　饮食照料	（1）老年人鼻饲进食照料	2）鼻饲用物 ①鼻饲管 ②灌注器		
			3）判断鼻饲管在胃内的方法		
			4）鼻饲进食照料操作		
			5）饲管进食照料操作注意事项		
		（2）老年人噎食应急救助	1）噎食概述 ①噎食的定义 ②噎食的原因	（1）方法：讲授法、演示法、实训（练习）法 （2）重点与难点：老年人发生噎食情况采取应急救助方法	8
			2）噎食急救方法 ①急救原则 ②急救方法		
			3）发生噎食应急救助操作		
			4）噎食应急救助操作注意事项		
	1-2　排泄照料	（1）为老年人人工取便	1）便秘概述 ①便秘症状体征 ②老年人便秘的原因	（1）方法：讲授法、演示法、实训（练习）法 （2）重点与难点：使用人工取便的方法辅助老年人排便	8
			2）人工取便概述 ①人工取便的定义 ②适用对象 ③人工取便的时机 ④人工取便的目的		
			3）人工取便操作		
			4）人工取便操作注意事项		

续表

模块	课程	学习单元	课程内容	培训建议	课堂学时
1．生活照料	1-2　排泄照料	(2) 老年人的尿袋更换	1) 留置导尿的概述 ①留置导尿定义 ②留置导尿适用对象 ③留置导尿目的	(1) 方法：讲授法、演示法、实训（练习）法 (2) 重点与难点：更换尿袋操作注意事项	8
			2) 留置导尿用物 ①导尿管 ②尿袋		
			3) 更换尿袋要求		
			4) 更换尿袋操作		
			5) 更换尿袋操作注意事项		
		(3) 老年人的粪袋更换	1) 肠造瘘的定义	(1) 方法：讲授法、演示法、实训（练习）法 (2) 重点与难点：肠造瘘的老年人更换粪袋	8
			2) 粪袋种类		
			3) 肠造瘘口护理		
			4) 更换粪袋操作		
			5) 更换粪袋操作注意事项		
		(4) 留置导尿老年人尿液情况观察、记录及报告	1) 老年人正常尿液的性状	(1) 方法：讲授法、演示法、实训（练习）法 (2) 重点与难点：观察留置导尿的老年人的尿量及颜色，记录异常并及时报告操作	4
			2) 老年人异常尿液观察内容 ①尿量 ②尿液颜色 ③尿液气味		
			3) 留置导尿老年人尿液观察要求		
			4) 异常尿液报告内容及流程		
			5) 留置导尿老年人尿液情况观察记录操作		
			6) 留置导尿老年人尿液情况观察记录操作注意事项		

续表

模块	课程	学习单元	课程内容	培训建议	课堂学时
1．生活照料	1-3　睡眠照料	（1）老年人睡眠环境影响因素识别及改善建议	1）老年人睡眠特点	（1）方法：讲授法、实训（练习）法、讨论法 （2）重点与难点：识别影响老年人睡眠的环境因素并提出改善建议	4
			2）影响老年人睡眠环境因素		
			3）识别影响老年人睡眠的环境因素并提出改善建议操作		
			4）识别影响老年人睡眠的环境因素并提出改善建议操作注意事项		
		（2）睡眠障碍老年人入睡照料	1）睡眠障碍的概述	（1）方法：讲授法、实训（练习）法 （2）重点与难点：照料有睡眠障碍的老年人入睡	4
			2）睡眠照料操作		
			3）照料有睡眠障碍的老年人入睡的操作		
			4）照料有睡眠障碍的老年人入睡的操作注意事项		
		（3）老年人不良睡眠习惯指导	1）老年人良好的睡眠习惯	（1）方法：讲授法、实训（练习）法 （2）重点与难点：指导老年人改变不良的睡眠习惯	4
			2）老年人常见的不良睡眠习惯		
			3）改善影响老年人睡眠不良习惯的方法		
			4）指导老年人改变不良的睡眠习惯的操作		
			5）指导老年人改变不良的睡眠习惯的操作注意事项		

续表

模块	课程	学习单元	课程内容	培训建议	课堂学时
1．生活照料	1-4　清洁照料	（1）老年人口腔护理	1）口腔护理概述 2）老年人常见的口腔健康问题 3）老年人口腔护理操作 4）老年人口腔护理操作注意事项	（1）方法：讲授法、实训（练习）法、演示法 （2）重点与难点：为老年人进行口腔护理	8
		（2）床旁消毒隔离	1）隔离的概述 2）床旁隔离的概述 3）床旁消毒隔离操作 4）床旁消毒隔离操作注意事项	（1）方法：讲授法、实训（练习）法、演示法、案例教学法 （2）重点与难点：对老年人进行床旁消毒隔离	4
2．基础护理	2-1　用药照料	（1）为老年人雾化吸入	1）雾化吸入概述 2）雾化吸入操作方法 3）雾化吸入注意事项	（1）方法：讲授法、演示法 （2）重点：雾化吸入的操作方法	4
		（2）协助老年人使用外用药	1）外用药概述 2）滴眼剂种类、使用方法及注意事项 3）滴鼻剂种类、使用方法及注意事项 4）滴耳剂种类、使用方法及注意事项	（1）方法：讲授法、演示法 （2）难点：滴眼剂的使用方法	4
		（3）老年人Ⅰ度压疮的处理	1）Ⅰ度压疮概述 2）Ⅰ度压疮处理方法	（1）方法：讲授法 （2）重点：Ⅰ度压疮的处理	4

续表

模块	课程	学习单元	课程内容	培训建议	课堂学时
2．基础护理	2–2　冷热应用护理	（1）老年人的体温测量	1）体温概述 2）体温测量方法 3）体温计（汞、电子、体温枪）的使用及维护	（1）方法：讲授法、演示法 （2）难点：体温测量方法	2
		（2）实施冰袋物理降温	1）物理降温概述 2）冰袋使用方法 3）冰袋使用禁忌	（1）方法：讲授法、演示法 （2）重点：冰袋使用方法	4
		（3）实施温水擦浴物理降温	1）温水擦浴概述 2）温水擦浴准备 3）温水擦浴操作流程	（1）方法：讲授法、演示法 （2）重点：温水擦浴的部位及手法	4
	2–3　安宁照护	（1）运用肢体语言为临终老人提供慰藉	1）安宁照护概述 2）应用肢体语言概述 3）应用肢体语言的方法	（1）方法：讲授法、演示法、案例法 （2）难点：肢体语言的运用	4
		（2）为临终老年人及家属提供精神安慰支持	1）死亡教育概述 2）安慰临终老年人的方法 3）安慰临终老年人家属的方法	（1）方法：讲授法、演示法、案例法 （2）重点：安慰临终老年人及家属的方法	4
3．康复护理	3–1　康乐活动照护	（1）老年人使用健身器材进行功能锻炼	1）健身器材概述 ①健身器材概念及目的 ②健身器材分类 ③使用健身器材适用对象 2）使用健身器材的原则 3）教老年人使用健身器材进行功能锻炼的方法	（1）方法：讲授法、演示法 （2）重点与难点：教老年人使用健身器材进行功能锻炼的方法	4

续表

模块	课程	学习单元	课程内容	培训建议	课堂学时
3．康复护理	3-1 康乐活动照护	(2) 老年人床上体位转换	1) 体位转换概述 2) 帮助老年人进行床上体位转换的方法 ①帮助老年人从仰卧位至侧卧位的体位转换 ②帮助老年人从仰卧位至坐位的体位转换 ③帮助老年人从仰卧位至床边坐起的体位转换 3) 帮助老年人床上体位转换注意事项	(1) 方法：讲授法、演示法 (2) 重点与难点：各种体位转换的方法	4
	3-2 功能锻炼	(1) 肢体功能障碍的老年人进行穿、脱衣服锻炼	1) 穿、脱衣服锻炼目的 2) 穿、脱衣服锻炼方法 ①穿、脱前开襟衣服方法 ②穿、脱套头衣服方法 ③卧位穿、脱裤子方法 ④坐位穿、脱裤子方法 ⑤穿、脱鞋袜方法 3) 帮助老年人进行穿、脱衣服锻炼注意事项	(1) 方法：讲授法、演示法 (2) 重点与难点：穿脱各种衣服的方法	4

续表

模块	课程	学习单元	课程内容	培训建议	课堂学时
3．康复护理	3-2　功能锻炼	（2）看护老年人锻炼站立、端坐及行走	1）老年人站立行走的目的 2）从坐位向站立位转换的方法 3）扶持与行走活动的方法 4）老年人常见的异常步态	（1）方法：讲授法、演示法 （2）重点与难点：从坐位向站立位转换的方法、扶持与行走活动的方法	4
课堂学时合计					114

2.2.4　高级职业技能培训课程规范

模块	课程	学习单元	课程内容	培训建议	课堂学时
1．生活照料	1-1　饮食照料	（1）老年人进食、进水困难基本原因识别	1）老年人进食、进水困难概述 ①进食困难的原因及表现 ②进水困难的原因及表现 2）进食、进水困难原因识别方法 ①观察老年人进食、进水表现 ②询问老年人进食、进水情况 ③判断原因 3）老年人进食、进水困难基本原因识别操作 4）老年人进食、进水困难基本原因识别操作注意事项	（1）方法：讲授法、演示法、实训（练习）法 （2）重点与难点：老年人进食、进水困难基本原因识别	4

续表

模块	课程	学习单元	课程内容	培训建议	课堂学时
1．生活照料	1-1 饮食照料	（2）老年人不良饮食习惯健康指导及改善建议	1）老年人饮食习惯概述 ①老年人常见不良饮食习惯 ②影响老年人饮食习惯因素	（1）方法：讲授法、演示法、实训（练习）法 （2）重点与难点：老年人健康饮食指导、对老年人不良的饮食习惯提出改善建议	4
			2）老年人健康饮食指导		
			3）对老年人不良饮食习惯提出改善建议操作		
			4）对老年人不良饮食习惯提出改善建议操作注意事项		
		（3）老年人治疗饮食落实情况检查	1）治疗饮食概述 ①治疗饮食定义 ②不同病症适宜的治疗饮食	（1）方法：讲授法、演示法、实训（练习）法 （2）重点与难点：不同病症适宜的治疗饮食、老年人治疗饮食的落实情况的检查操作	4
			2）老年人治疗饮食落实的检查内容 ①是否按时食用治疗饮食 ②是否按要求食用治疗饮食 ③食用治疗饮食后的效果 ④检查结果记录		
			3）检查老年人治疗饮食落实操作		
			4）检查老年人治疗饮食落实操作注意事项		

续表

模块	课程	学习单元	课程内容	培训建议	课堂学时
1．生活照料	1-1　饮食照料	(4) 老年人呕吐物识别、记录及呕吐应对措施	1）识别老年人呕吐物异常的意义 2）呕吐物异常的识别与记录 3）呕吐物异常识别及应对操作 4）呕吐物异常识别及应对操作注意事项	(1) 方法：讲授法、演示法、实训（练习）法 (2) 重点与难点：呕吐物异常的识别与记录	4
	1-2　排泄照料	(1) 老年人排尿异常识别	1）老年人排泄异常概述 2）常见排尿异常原因及表现 3）排尿异常分析方法 4）识别排尿异常原因操作 5）识别排尿异常原因操作注意事项	(1) 方法：讲授法、演示法、实训（练习）法 (2) 重点与难点：老年人常见排尿异常的表现及原因	4
		(2) 老年人排便异常识别	1）常见排便异常原因及表现 2）老年人排便异常分析方法 3）识别排便异常原因操作 4）识别排便异常原因操作注意事项	(1) 方法：讲授法、演示法、实训（练习）法 (2) 重点与难点：老年人常见排便异常的表现及原因	4
2．基础护理	2-1　消毒防护	(1) 紫外线灯的消毒及防护	1）紫外线灯概述 2）紫外线灯使用操作方法 3）紫外线灯强度测定方法 4）紫外线灯维护方法	(1) 方法：讲授法、演示法 (2) 重点：紫外线灯的使用及维护	2

续表

模块	课程	学习单元	课程内容	培训建议	课堂学时
2．基础护理	2-1 消毒防护	（2）配制消毒液消毒老年人房间	1）消毒液概述 2）常用消毒液的配制及浓度测定方法 3）消毒液消毒房间的方法（空气、物品表面、生活用品）	（1）方法：讲授法、演示法 （2）重点与难点：消毒液的配制	4
	2-2 应急救护	（1）老年人外伤初步止血应急处理	1）外伤及其应急处理概述 2）外伤出血止血方法 3）包扎概述与方法 4）软组织伤处理注意事项	（1）方法：讲授法、演示法、实训（练习）法 （2）难点：外伤的应急处理原则	8
		（2）老年人烫伤应对	1）烫伤概述 2）识别烫伤程度的方法 3）常见烫伤处理原则及方法	（1）方法：讲授法、演示法、实训（练习）法 （2）难点：常见烫伤的处理原则	4
		（3）老年人跌倒后的初步处理	1）跌倒概述 2）跌倒应急处理方法	（1）方法：讲授法、演示法、实训（练习）法 （2）难点：跌倒的应急处理原则	4
		（4）配合医护人员对骨折老年人的应急处理	1）骨折概述 2）老年人骨折处理方法 3）骨折固定常用方法 4）搬运骨折老年人方法及注意事项	（1）方法：讲授法、演示法、实训（练习）法 （2）难点：老年人骨折固定常见方法、骨折老年人常见搬运方法	4

续表

模块	课程	学习单元	课程内容	培训建议	课堂学时
2．基础护理	2-2　应急救护	（5）老年人误吸、窒息、跌倒的应急处理	1）误吸和窒息的概述	（1）方法：讲授法、演示法、实训（练习）法 （2）难点：误吸和窒息的处理原则、跌倒的现场处理	4
			2）排痰的操作方法		
			3）海姆立克急救法		
			4）老年人跌倒的概述		
			5）老年人跌倒的现场处理		
		（6）心脏骤停老年人的应对	1）心脏骤停的概述	（1）方法：讲授法、演示法、实训（练习）法 （2）难点：胸外心脏按压的方法	8
			2）心脏骤停老年人的判断方法 ①观察意识 ②观察脉搏 ③观察呼吸		
			3）胸外心脏按压及人工呼吸方法		
			4）观察采取措施老年人意识、脉搏、呼吸有无改善的方法		
		（7）为老年人实施氧气吸入	1）老年人缺氧概述	（1）方法：讲授法、演示法 （2）难点：安全用氧的注意事项	4
			2）制氧设备的概述（制氧机、氧气筒、氧气瓶、氧气管路）		
			3）氧气吸入概述		
			4）吸氧操作方法		
			5）氧气装置维护		
			6）安全用氧注意事项		

续表

模块	课程	学习单元	课程内容	培训建议	课堂学时
3．康复护理	3-1　康乐活动照护	（1）带领认知障碍（老年性痴呆）老年人进行文娱活动	1）认知障碍概述	（1）方法：讲授法、演示法 （2）重点与难点：认知障碍老年人文娱活动方法	4
			2）文娱活动概述		
			3）认知障碍老年人文娱活动方法		
			4）认知障碍（老年性痴呆）老年人文娱活动注意事项		
	3-2　功能锻炼	（1）帮助肢体障碍的老年人进行功能训练	1）肢体障碍概述	（1）方法：讲授法、演示法 （2）重点与难点：肢体障碍老年人评估和康复训练方法	4
			2）肢体障碍老年人康复训练方法		
			3）肢体障碍老年人康复训练注意事项		
		（2）帮助尿失禁老年人进行功能训练	1）尿失禁概述	（1）方法：讲授法、演示法 （2）重点与难点：尿失禁评估和康复功能训练的方法	4
			2）尿失禁的评估		
			3）尿失禁康复功能训练的方法		
			4）尿失禁康复功能训练注意事项		
4．心理护理	4-1　心理疏导	（1）对老年人心理变化的观察	1）老年人正常的心理变化 ①记忆力的变化 ②智力的变化 ③老年人情绪的变化 ④老年人人格的变化	（1）方法：讲授法、演示法、角色扮演法、案例教学法 （2）重点与难点：老年抑郁量表测评、简易智能状态速检表测评	4
			2）老年人异常的心理变化 ①离退休综合征 ②老年抑郁 ③老年认知障碍		
			3）老年人异常心理变化的筛查与识别 ①识别老年抑郁情绪 ②识别老年认知障碍		

续表

模块	课程	学习单元	课程内容	培训建议	课堂学时
4．心理护理	4-1　心理疏导	(2) 对老年人不良情绪的疏导	1）语言心理疏导技巧	(1) 方法：讲授法、演示法、角色扮演法、案例教学法 (2) 重点与难点：语言与非语言心理疏导技巧的运用	4
			2）非语言心理疏导技巧		
			3）根据老年人特点进行心理疏导的方法		
	4-2　心理保健	(1) 老年人及家属的心理健康教育	1）老年人心理健康的标准	(1) 方法：讲授法、演示法、案例教学法 (2) 重点与难点：老年人心理健康教育方案设计	4
			2）老年人心理保健的要点		
			3）老年人及家属心理健康教育方案设计		
			4）老年人及家属心理健康教育方案实施		
		(2) 老年人交往环境的营造	1）营造老年人交往环境重要性	(1) 方法：讲授法、讨论法、观摩法 (2) 重点与难点：老年人交往环境的营造方法	2
			2）老年人交往环境特点		
			3）老年人交往环境的营造方法		
		(3) 老年人兴趣活动的设计	1）老年人进行兴趣活动意义	(1) 方法：讲授法、演示法、案例教学法 (2) 重点与难点：老年人活动方案设计	2
			2）适宜老年人的兴趣活动项目		
			3）不同自理程度老年人的兴趣活动		

续表

模块	课程	学习单元	课程内容	培训建议	课堂学时
5．培训指导	5-1　培训	(1) 初级养老护理员基础培训	1) 基础知识培训概述 2) 基础培训实施设计要点 3) 基础培训实施 4) 注意事项	(1) 方法：讲授法、演示法、实训（练习）法、案例教学法等 (2) 重点与难点：培训方法与实施	4
		(2) 初级养老护理员培训教案编写	1) 培训教案编写概述 2) 培训教案编写设计要点 3) 培训教案编写实施 4) 注意事项	(1) 方法：讲授法、演示法、实训（练习）法、案例教学法等 (2) 重点与难点：编写方法	4
	5-2　指导	(1) 初级养老护理员实训操作指导	1) 实训操作指导概述 2) 实训操作指导过程设计要点 3) 实训操作指导实施 4) 注意事项	(1) 方法：讲授法、演示法、实训（练习）法、案例教学法等 (2) 重点与难点：指导方法	8
课堂学时合计					110

2.2.5　技师职业技能培训课程规范

模块	课程	学习单元	课程内容	培训建议	课堂学时
1．基础护理	1-1　计划管理	(1) 制订慢性病老年人的护理照料计划	1) 老年慢性病概述 2) 老年慢性护理计划制订要求、作用、种类 3) 慢性病老年人照料护理计划制订方法 4) 老年人健康评估表和老年人功能独立康复程度表	(1) 方法：讲授法 (2) 重点与难点：慢性病老年人照料护理计划的制订方法	4

续表

模块	课程	学习单元	课程内容	培训建议	课堂学时
1．基础护理	1-1　计划管理	（2）评价护理计划实施结果	1）护理计划实施结果评价概述 2）护理计划实施结果评价方式 3）护理计划实施过程中的修订	（1）方法：讲授法 （2）重点与难点：护理计划实施结果评价	2
		（3）老年人护理档案分类保管	1）老年人护理档案概述 2）老年人护理档案分类保管内容 3）老年人护理档案分类保管原则 4）老年人护理档案分类保管要求	（1）方法：讲授法 （2）重点与难点：老年人护理档案分类保管内容及要求	2
		（4）老年人安全预案的制订	1）老年人常见安全隐患 2）老年人安全预案制订要求 3）老年人安全预案制订	（1）方法：讲授法 （2）重点与难点：老年人应急预案的制订	4
	1-2　环境设计	（1）识别并消除有损老年人健康的环境因素	1）生活环境概述 2）不利于老年人健康的环境因素 3）消除不利于健康的环境因素的方法	（1）方法：讲授法 （2）重点与难点：不利于老年人健康的环境因素	2
		（2）为不同疾病状态老年人设计生活环境	1）老年人常见疾病的不同表现 2）肢体功能障碍老年人生活环境设计细节 3）患阿尔茨海默病老年人生活环境设计细节 4）设计适合不同疾病状态下老年人的生活环境	（1）方法：讲授法 （2）重点与难点：肢体功能障碍老年人生活环境设计细节	2

续表

模块	课程	学习单元	课程内容	培训建议	课堂学时
1．基础护理	1–2　环境设计	(3) 优化设计老年人的生活环境	1）老年人居室环境设计的原则 2）老年人生活环境优化设计方法 3）老年人居室环境优化步骤与流程	(1) 方法：讲授法 (2) 重点与难点：老年人生活环境优化设计方法	2
	1–3　技术创新	(1) 老年人照料、护理技术创新	1）技术创新的基本知识 2）护理研究的基本知识 3）实施老年人生活照料技术创新的要求 4）技术创新步骤与流程	(1) 方法：讲授法 (2) 重点与难点：实施老年人生活照料技术创新的要求	2
		(2) 老年人照料、护理的技术总结或论文	1）论文撰写概述 2）护理论文撰写方法 3）老年人照料的技术相关总结或论文撰写	(1) 方法：讲授法 (2) 重点与难点：护理论文撰写方法	4
		(3) 老年用品提出技术改良建议	1）老年人用品技术改良意义 2）老年人用品技术改良方法 3）老年人用品技术改良步骤与流程	(1) 方法：讲授法 (2) 重点与难点：老年人用品技术改良方法	2
2．康复护理	2–1　功能锻炼	(1) 言语障碍老年人的言语功能锻炼	1）言语障碍及言语治疗概念 2）言语障碍评估 3）言语功能锻炼原则 4）言语功能锻炼内容和方法	(1) 方法：讲授法、演示法 (2) 重点与难点：语言功能锻炼的内容和方法	4

续表

模块	课程	学习单元	课程内容	培训建议	课堂学时
2．康复护理	2-1　功能锻炼	（2）吞咽障碍老年人的吞咽功能锻炼	1）吞咽障碍概念	（1）方法：讲授法，演示法 （2）重点与难点：吞咽障碍功能锻炼的内容和方法	4
			2）吞咽障碍评估		
			3）吞咽障碍功能锻炼原则		
			4）吞咽障碍功能锻炼内容和方法		
	2-2　活动评价	（1）老年人运动功能评价	1）运动功能评价概述	（1）方法：讲授法、演示法、实训（练习）法 （2）重点与难点：运动功能评价方法	4
			2）运动功能评价方法		
			3）运动功能评价注意事项		
		（2）肢体功能障碍老年人康复计划制订	1）肢体功能锻炼概述	（1）方法：讲授法、演示法 （2）重点与难点：制订肢体功能障碍老年人康复计划的原则、制订肢体功能障碍老年人的锻炼方案	4
			2）制订肢体功能障碍老年人康复计划的原则		
			3）制订肢体功能障碍老年人的锻炼方案		
			4）实施效果评价		
3．心理护理	3-1　心理辅导	（1）老年人心理辅导基本方案制订	1）老年人个体心理辅导的概念、特点和技巧	（1）方法：讲授法、角色扮演法、案例教学法、观摩法 （2）重点与难点：心理辅导基本方案的制订	4
			2）老年人个体心理辅导基本方案制订的原则、内容		
			3）老年人团体心理辅导的概念、特点和技巧		
			4）老年人团体心理辅导基本方案制订的要求、内容		

续表

<table>
<tr><th>模块</th><th>课程</th><th>学习单元</th><th>课程内容</th><th>培训建议</th><th>课堂学时</th></tr>
<tr><td rowspan="8">3．心理护理</td><td rowspan="2">3-1　心理辅导</td><td rowspan="2">（2）基本心理健康知识讲解</td><td>1）老年人心理健康知识</td><td rowspan="2">（1）方法：讲授法、角色扮演法、观摩法
（2）重点与难点：各种讲解方法的运用</td><td rowspan="2">4</td></tr>
<tr><td>2）老年人心理健康知识讲解方法
①讲解法
②讨论法
③角色扮演法</td></tr>
<tr><td rowspan="6">3-2　心理疏导</td><td rowspan="3">（1）疏导并稳定老年人的不良情绪</td><td>1）情绪与情绪表现</td><td rowspan="3">（1）方法：讲授法、角色扮演法、观摩法
（2）重点与难点：心理调整方法的运用</td><td rowspan="3">4</td></tr>
<tr><td>2）老年人的不良情绪</td></tr>
<tr><td>3）疏导老年人不良情绪的心理调整方法
①合理情绪法
②放松训练法
③音乐疗法</td></tr>
<tr><td rowspan="3">（2）老年人心理辅导效果评估</td><td>1）老年人心理辅导效果评估的概念和影响因素</td><td rowspan="3">（1）方法：讲授法、观摩法
（2）重点与难点：老年人心理辅导效果的评估方法</td><td rowspan="3">2</td></tr>
<tr><td>2）老年人心理辅导效果评估的内容与要求</td></tr>
<tr><td>3）老年人心理辅导效果的评估方法</td></tr>
<tr><td rowspan="5">4．护理管理</td><td rowspan="5">4-1　组织管理</td><td rowspan="5">（1）养老护理员岗位职责和工作程序与照护流程的制订</td><td>1）养老护理工作程序与流程概述</td><td rowspan="5">（1）方法：讲授法、案例教学法、讨论法
（2）重点与难点：工作程序与护理流程制订方法</td><td rowspan="5">4</td></tr>
<tr><td>2）养老护理员工作程序与护理流程制订结构与类型</td></tr>
<tr><td>3）养老护理员工作程序与护理流程制订方法</td></tr>
<tr><td>4）养老员工作程序与护理流程实践过程</td></tr>
<tr><td>5）养老护理员工作程序与护理流程制订与实施注意事项</td></tr>
</table>

续表

模块	课程	学习单元	课程内容	培训建议	课堂学时
4．护理管理	4-1　组织管理	（2）养老护理员管理制度起草	1）护理管理制度概述	（1）方法：讲授法、案例教学法、讨论法 （2）重点与难点：护理管理制度起草方法	4
			2）护理管理制度起草方法		
			3）护理管理制度起草要求		
			4）护理管理制度起草过程		
		（3）养老护理工作程序及流程持续改进	1）养老护理流程概述	（1）方法：讲授法、案例教学法、讨论法 （2）重点与难点：鱼骨图讲解	4
			2）养老护理流程改进指导思想		
			3）养老护理方法及因果图应用		
			4）养老护理管理流程实践过程		
			5）养老护理流程改进注意事项		
		（4）对养老护理计划和方案给以控制	1）养老护理计划检查与控制概述	（1）方法：讲授法、案例教学法、讨论法、角色扮演法 （2）重点与难点：控制前中后管理方法	4
			2）养老护理计划检查与控制的目的		
			3）养老计划检查与控制方法		
			4）养老护理计划检查与控制实践过程		
			5）养老护理计划检查与控制实施注意事项		

续表

<table>
<tr><th>模块</th><th>课程</th><th>学习单元</th><th>课程内容</th><th>培训建议</th><th>课堂学时</th></tr>
<tr><td rowspan="15">4．护理管理</td><td rowspan="5">4-1　组织管理</td><td rowspan="5">（5）养老护理员岗位职责与考核方法</td><td>1）养老护理员岗位职责与考核方法概述</td><td rowspan="5">（1）方法：讲授法、案例教学法、讨论法、角色扮演法
（2）重点与难点：养老护理员岗位控制前中后环节管理方法</td><td rowspan="5">4</td></tr>
<tr><td>2）养老护理员岗位职责与考核方法制订框架设计</td></tr>
<tr><td>3）养老护理员岗位职责与考核制订方法</td></tr>
<tr><td>4）养老护理员岗位职责与考核方法实践过程</td></tr>
<tr><td>5）养老护理员岗位职责与考核方法实施注意事项</td></tr>
<tr><td rowspan="10">4-2　质量管理</td><td rowspan="5">（1）养老护理质量控制方案</td><td>1）养老护理质量控制方案概述</td><td rowspan="5">（1）方法：讲授法、案例教学法、讨论法、角色扮演法
（2）重点与难点：检控点</td><td rowspan="5">4</td></tr>
<tr><td>2）养老护理控制方案结构设计</td></tr>
<tr><td>3）养老护理质量控制方案制订方法及检控点</td></tr>
<tr><td>4）养老护理方案制订实践过程</td></tr>
<tr><td>5）养老护理质量控制方案制订与实施注意事项。</td></tr>
<tr><td rowspan="5">（2）养老护理技术操作规程</td><td>1）养老护理技术规程制订概述</td><td rowspan="5">（1）方法：讲授法、案例教学法、讨论法、角色扮演法
（2）重点与难点：技术规程结构</td><td rowspan="5">4</td></tr>
<tr><td>2）养老护理技术规程制订结构设计</td></tr>
<tr><td>3）养老护理技术规程制订方法</td></tr>
<tr><td>4）养老护理技术规程实践过程</td></tr>
<tr><td>5）养老护理技术规程制订与实施注意事项</td></tr>
</table>

续表

模块	课程	学习单元	课程内容	培训建议	课堂学时
4．护理管理	4-2 质量管理	(3) 养老服务信息化管理	1）养老信息技术发展概述 2）信息技术的作用和价值 3）信息技术运用的方法与原则 4）信息技术运用于养老服务管理的实践过程 5）信息技术运用于养老服务管理的注意事项	(1) 方法：讲授法、案例教学法、讨论法、角色扮演法 (2) 重点与难点：信息技术运用方法	2
5．培训指导	5-1 培训	(1) 中级、高级以上养老护理员培训	1）基础培训概述 2）基础培训设计要点 3）基础培训实施 4）注意事项	(1) 方法：讲授法、案例教学法、讨论法、角色扮演法等 (2) 重点与难点：基础培训设计要点等	4
		(2) 中级、高级养老护理员培训方案编写	1）培训教案编写概述 2）培训教案编写设计要点 3）培训教案编写实践 4）注意事项	(1) 方法：讲授法、案例教学法、讨论法、角色扮演法等 (2) 重点与难点：培训教案编写设计要点	4
	5-2 指导	(1) 中级、高级养老护理员实训操作指导	1）实训操作指导概述 2）实训操作指导设计要点 3）实训操作指导实践过程 4）实训操作指导注意事项	(1) 方法：讲授法、案例教学法、讨论法、角色扮演法、实训（练习）法等 (2) 重点与难点：实训操作指导设计要点等	8
课堂学时合计					102

2.2.6 培训建议中培训方法说明

1．讲授法

讲授法指教师主要运用语言方式，系统地向学员传授知识，传播思想观念。即教师通过叙述、描绘、解释、推论来传递信息、传授知识、阐明概念、论证定律和公式，引导学员获取知识，认识和分析问题。

2．讨论法

讨论法指在教师的指导下，学员以班级或小组为单位，围绕学习单元的内容，对某一专题进行深入探讨，通过讨论或辩论活动，从而获得知识或巩固知识的一种教学方法，要求教师在讨论结束时对讨论的主题做归纳性总结。

3．实训（练习）法

实训（练习）法指学员在教师的指导下巩固知识、运用知识、形成技能技巧的方法。通过实际操作的练习，形成操作技能。

4．参观法

参观法指教师组织或指导学员进行实地观察、调查、研究和学习，使学员获得新知识或巩固已学知识的教学方法。参观教学法可细分为“准备性参观、并行性参观、总结性参观”等。

5．演示法

演示法指在教学过程中，教师通过示范操作和讲解使学员获得知识、技能的教学方法。教学中，教师对操作内容进行现场演示，边操作边讲解，强调操作的关键步骤和注意事项，使学员边学边做，理论与技能并重，师生互动，提高学生的学习兴趣和学习效率。

6．案例教学法

案例教学法指通过对案例进行分析，提出问题，分析问题，并找到解决问题的途径和手段，培养学员分析问题、处理问题的能力。

7．项目教学法

项目教学法指以实际应用为目的，将理论知识与实际工作相结合，通过师生共同完成一个完整的项目工作，使学员获得知识和实践操作能力与解决实际问题能力的教学方法。其实施以小组为学习单位，步骤一般分为确定项目任务、计划、决策、实施、检查和评价 6 个步骤。强调学员在学习过程中的主体地位，以学员为中心，以学员学习为主、教师指导为辅，通过完成教学项目，激发学员的学习积极性，使学员既获得相关理论知识，又掌握实践技能和工作方法，提高学员解决实际问题的综合能力。

8．角色扮演法

角色扮演法指学员通过不同角色的扮演，体验自身角色的内涵活动和对方角色的心理，充分展现各种角色的“为”和“位”。在养老护理员角色扮演中的“角色”一般分为护理员和老年人两大类角色，学员通过角色扮演，学习和运用服务技能，以达到对老年人提供服务的标准。

9．情景表演法

情景表演法指教师在实施培训前事先准备和布置培训现场，并设定情景表演的情景、对话内容及评估标准，通过学员现场的情景表演活动以及教师对活动效果的及时评估，从而达到培训的预期效果。

10．实物示教法

实物示教法指教师通过实物的操作演示或对学员实物操作演示的评价，实现对学员技能操作步骤和要领掌握情况的检查、纠错、修正，并演示正确操作方法的一种教学方法。

11．观摩法

观摩法指让学员通过现场观摩、观看视频等形式，学习、获取知识、技能的一种教学方法。

2.3 考核规范

2.3.1 职业基本素质培训考核规范

<table>
<tr><th>考核范围</th><th>考核比重（%）</th><th>考核内容</th><th>考核比重（%）</th><th>考核单元</th></tr>
<tr><td rowspan="3">1．职业道德</td><td rowspan="3">8</td><td rowspan="2">1–1　职业道德基本知识</td><td rowspan="2">6</td><td>（1）道德</td></tr>
<tr><td>（2）职业道德</td></tr>
<tr><td>1–2　职业守则</td><td>2</td><td>（1）职业守则</td></tr>
<tr><td rowspan="7">2．工作须知、服务礼仪和个人防护知识</td><td rowspan="7">14</td><td rowspan="2">2–1　职业工作须知</td><td rowspan="2">4</td><td>（1）职业须知</td></tr>
<tr><td>（2）工作须知</td></tr>
<tr><td rowspan="3">2–2　服务礼仪规范</td><td rowspan="3">4</td><td>（1）卫生礼仪要求</td></tr>
<tr><td>（2）着装礼仪要求</td></tr>
<tr><td>（3）工作礼仪要求</td></tr>
<tr><td rowspan="2">2–3　个人防护</td><td rowspan="2">6</td><td>（1）工作安全防护</td></tr>
<tr><td>（2）自我照护</td></tr>
</table>

续表

考核范围	考核比重（%）	考核内容	考核比重（%）	考核单元
3．老年人护理基础知识	36	3–1　老年人护理	22	（1）老年人正常基本结构、功能与衰老表现
				（2）老年人心理改变因素
				（3）老年人心理护理特点
				（4）老年人生活、运动护理特点
		3–2　老年人常见疾病护理知识	12	（1）老年人患病主要原因和特点
				（2）老年人常见疾病护理要点
		3–3　老年人营养素需求及饮食种类	2	（1）老年人营养素需求与饮食种类
4．老年人护理方法	18	4–1　老年人一般情况观察方法及记录	10	（1）老年人一般情况观察及评估
				（2）老年人特殊情况观察及评估
				（3）老年人常用护理记录表格内容及填写
		4–2　老年人基本救助	4	（1）老年人基本救助目的、注意事项与原则
		4–3　老年人常见冲突和压力处理方法	4	（1）老年人常见冲突处理方法
				（2）老年人常压力处理方法
5．安全卫生环境保护知识	14	5–1　老年人安全防护规范及相关知识	6	（1）养老机构安全防护规范相关知识
				（2）老年人安全防护规范相关知识
		5–2　老年人卫生防护知识	2	（1）老年人个人与环境卫生防护基本知识
		5–3　老年人环境保护知识	4	（1）老年人环境保护设计基本原则
		5–4　老年人居室整理及消毒隔离知识	2	（1）老年人居室整理与消毒隔离基本知识

续表

考核范围	考核比重（%）	考核内容	考核比重（%）	考核单元
6．相关法律、法规知识	10	6–1 《中华人民共和国老年人权益保障法》相关知识	2	（1）《老年人权益保障法》概述及要点解析
		6–2 《中华人民共和国劳动法》相关知识	2	（1）《劳动法》概述及要点解析
		6–3 《中华人民共和国劳动合同法》相关知识	2	（1）《劳动合同法》概述及要点解析
		6–4 《中华人民共和国消防法》相关知识	2	（1）《消防法》概述及要点解析
		6–5 养老机构服务标准相关知识	2	（1）《老年人社会福利机构基本规范》概述及要点解析

2.3.2 初级职业技能培训理论知识考核规范

考核范围	考核比重（%）	考核内容	考核比重（%）	考核单元
1．生活照料	80	1–1 饮食照料	12	（1）老年人进食、进水体位的摆放
				（2）老年人进食、进水情况观察、记录及报告
				（3）老年人治疗饮食的发放
				（4）老年人呕吐时体位变换

续表

考核范围	考核比重（%）	考核内容	考核比重（%）	考核单元
1．生活照料	80	1-2　排便照料	30	（1）帮助老年人如厕
				（2）卧床老年人使用便盆
				（3）卧床老年人使用尿壶
				（4）卧床老年人更换尿垫
				（5）老年人纸尿裤更换
				（6）老年人便标本采集
				（7）老年人尿标本采集
				（8）老年人排泄物观察、报告及记录
				（9）老年人开塞露通便
		1-3　睡眠照料	4	（1）老年人睡眠环境布置
				（2）老年人睡眠状况观察、报告及记录
		1-4　清洁照料	34	（1）老年人床单位整理
				（2）老年人被服更换
				（3）老年人晨、晚生活照料
				（4）老年人口腔清洁
				（5）老年人义齿摘戴及清洗
				（6）老年人头发清洁
				（7）老年人身体清洁
				（8）老年人仪容仪表修饰
				（9）老年人更衣
				（10）卧床老年人翻身叩背预防压疮
2．基础护理	11	2-1　用药照料	3	（1）老年人用药照料
				（2）老年人用药后反应的观察、记录及报告
		2-2　冷热应用护理	5	（1）老年人热水袋的使用
				（2）为老年人湿热敷
				（3）老年人皮肤的观察、记录及异常变化报告
		2-3　遗体照料	3	（1）老年人遗体照料
				（2）整理遗物

续表

考核范围	考核比重（%）	考核内容	考核比重（%）	考核单元
3．康复护理	9	3-1 康乐活动照护	4	（1）老年人手工活动
				（2）老年人娱乐游戏活动
		3-2 活动保护	5	（1）拐杖使用
				（2）轮椅使用
				（3）转运车使用

2.3.3 初级职业技能培训操作技能考核规范

考核范围	考核比重（%）	考核形式	选考方式	考核时间	重要程度
1．生活照料	60	实操	必考	30	X
2．基础护理	30	实操	必考	20	X
3．康复护理	10	实操	必考	15	Y

2.3.4 中级职业技能培训理论知识考核规范

考核范围	考核比重（%）	考核内容	考核比重（%）	考核单元
1．生活照料	60	1-1 饮食照料	14	（1）老年人鼻饲进食照料
				（2）老年人噎食应急救助
		1-2 排泄照料	24	（1）为老年人人工取便
				（2）老年人的尿袋更换
				（3）老年人的粪袋更换
				（4）留置导尿老年人尿液情况观察、记录及报告

续表

考核范围	考核比重（%）	考核内容	考核比重（%）	考核单元
1．生活照料	60	1–3　睡眠照料	11	（1）老年人睡眠环境影响因素识别及改善建议
				（2）睡眠障碍老年人入睡照料
				（3）老年人不良睡眠习惯指导
		1–4　清洁照料	11	（1）老年人口腔护理
				（2）床旁消毒隔离
2．基础护理	26	2–1　用药照料	10	（1）为老年人雾化吸入
				（2）协助老年人使用外用药
				（3）老年人Ⅰ度压疮的处理
		2–2　冷热应用护理	9	（1）老年人的体温测量
				（2）实施冰袋物理降温
				（3）实施温水擦浴物理降温
		2–3　安宁照护	7	（1）运用肢体语言为临终老人提供慰藉
				（2）为临终老年人及家属提供精神安慰支持
3．康复护理	14	3–1　康乐活动照护	7	（1）老年人使用健身器材进行功能锻炼
				（2）老年人床上体位转换
		3–2　功能锻炼	7	（1）肢体功能障碍的老年人进行穿、脱衣服锻炼
				（2）看护老年人锻炼站立、端坐及行走

2.3.5 中级职业技能培训操作技能考核规范

考核范围	考核比重（%）	考核形式	选考方式	考核时间	重要程度
1．生活照料	40	实操	必考	20	X
2．基础护理	45	实操	必考	20	X
3．康复护理	15	实操	必考	15	Y

2.3.6 高级职业技能培训理论知识考核规范

考核范围	考核比重（%）	考核内容	考核比重（%）	考核单元
1．生活照料	23	1–1 饮食照料	15	（1）老年人进食、进水困难基本原因识别
				（2）老年人不良的饮食习惯健康指导及改善建议
				（3）老年人治疗饮食落实情况检查
				（4）老年人呕吐物识别、记录及呕吐应对措施
		1–2 排泄照料	8	（1）老年人排尿异常识别
				（2）老年人排便异常识别
2．基础护理	38	2–1 消毒防护	6	（1）紫外线灯的消毒及防护
				（2）配制消毒液消毒老年人房间
		2–2 应急救护	32	（1）老年人外伤初步止血应急处理
				（2）老年人烫伤的应对
				（3）老年人跌倒后的初步处理
				（4）配合医护人员对骨折老年人的应急处理
				（5）老年人误吸、窒息、跌倒的应急处理
				（6）心脏骤停老年人的应对
				（7）为老年人实施氧气吸入

续表

考核范围	考核比重（%）	考核内容	考核比重（%）	考核单元
3．康复护理	11	3-1 康乐活动照护	4	（1）带领认知障碍老年人进行文娱活动
		3-2 功能锻炼	7	（1）帮助肢体障碍的老年人进行功能训练
				（2）帮助尿失禁老年人进行功能训练
4．心理护理	14	4-1 心理疏导	7	（1）对老年人心理变化的观察
				（2）对老年人不良情绪的疏导
		4-2 心理保健	7	（1）老年人及家属的心理健康教育
				（2）老年人交往环境的营造
				（3）老年人兴趣活动的设计
5．培训指导	14	5-1 培训	7	（1）初级养老护理员基础培训
				（2）初级养老护理员培训教案编写
		5-2 指导	7	（1）初级养老护理员实训操作指导

2.3.7 高级职业技能培训操作技能考核规范

考核范围	考核比重（%）	考核形式	选考方式	考核时间	重要程度
1．生活照料	20	实操	必考	15	X
2．基础护理	40	实操	必考	20	X
3．康复护理	15	实操	必考	20	Y
4．心理护理	15	实操	必考	10	Y
5．培训指导	10	实操＋笔试	必考	10	Y

2.3.8 技师职业技能培训理论知识考核规范

考核范围	考核比重（%）	考核内容	考核比重（%）	学习单元
1．基础护理	26	1–1　计划管理	12	（1）制订慢性病老年人的护理照料计划
				（2）评价护理计划实施结果
				（3）老年人护理档案分类保管
				（4）老年人安全预案的制订
		1–2　环境设计	6	（1）识别并消除有损老年人健康的环境因素
				（2）为不同疾病状态老年人设计生活环境
				（3）优化设计老年人的生活环境
		1–3　技术创新	8	（1）老年人照料、护理技术创新
				（2）老年人照料、护理的技术总结或论文撰写
				（3）老年用品提出技术改良建议
2．康复护理	16	2–1　功能锻炼	8	（1）言语障碍老年人的言语功能锻炼
				（2）吞咽障碍老年人的吞咽功能锻炼
		2–2　活动评价	8	（1）老年人运动功能评价
				（2）肢体功能障碍老年人康复计划制订
3．心理护理	14	3–1　心理辅导	8	（1）老年人心理辅导基本方案制订
				（2）基本心理健康知识讲解
		3–2　心理疏导	6	（1）疏导并稳定老年人的不良情绪
				（2）老年人心理辅导效果评估

续表

<table>
<tr><th>考核范围</th><th>考核比重（%）</th><th>考核内容</th><th>考核比重（%）</th><th>学习单元</th></tr>
<tr><td rowspan="8">4．护理管理</td><td rowspan="8">28</td><td rowspan="5">4–1　组织管理</td><td rowspan="5">18</td><td>（1）养老护理员岗位职责和工作程序与照护流程的制订</td></tr>
<tr><td>（2）养老护理员管理制度起草</td></tr>
<tr><td>（3）养老护理工作程序及流程持续改进</td></tr>
<tr><td>（4）对养老护理计划和方案给以控制</td></tr>
<tr><td>（5）养老护理员岗位职责与考核方法</td></tr>
<tr><td rowspan="3">4–2　质量管理</td><td rowspan="3">10</td><td>（1）养老护理质量控制方案</td></tr>
<tr><td>（2）养老护理技术操作规程</td></tr>
<tr><td>（3）养老服务信息化管理</td></tr>
<tr><td rowspan="3">5．培训指导</td><td rowspan="3">16</td><td rowspan="2">5–1　培训</td><td rowspan="2">8</td><td>（1）中级、高级以上养老护理员培训</td></tr>
<tr><td>（2）中级、高级养老护理员培训方案编写</td></tr>
<tr><td>5–2　指导</td><td>8</td><td>（1）中级、高级养老护理员实操指导</td></tr>
</table>

2.3.9　技师职业技能培训操作技能考核规范

考核范围	考核比重（%）	考核形式	选考方式	考核时间	重要程度
1．基础护理	40	实操	必考	20	X
2．康复护理	20	实操	必考	15	X
3．心理护理	20	实操	必考	15	Y
4．护理管理	10	实操	必考	15	Y
5．培训指导	10	实操	必考	15	Y

附录

培训要求与课程规范对照表

附录 1　职业基本素质培训要求与课程规范对照表

2.1.1　职业基本素质培训要求			2.2.1　职业基本素质培训课程规范			
职业基本素质模块（模块）	培训内容（课程）	培训细目	学习单元	课程内容	培训建议	课堂学时
1. 职业道德	1-1　职业道德基本知识	（1）道德 （2）职业道德	（1）道德	1）道德概述 2）道德特点 3）道德的作用	（1）方法：讲授法、案例教学法等 （2）重点与难点：道德的作用	1
			（2）职业道德	1）职业道德概述 2）职业道德基本要素 3）职业道德基本特点 4）职业道德的作用	（1）方法：讲授法、案例教学法 （2）重点与难点：职业道德的作用	2
	1-2　职业守则	（1）尊老敬老、以人为本 （2）服务第一、爱岗敬业 （3）遵章守法、自律奉献	（1）职业守则	1）尊老敬老 2）以人为本 3）服务第一 4）爱岗敬业 5）遵章守法 6）自律奉献	（1）方法：讲授法、案例教学法 （2）重点与难点：如何遵守职业守则	1
2. 工作须知、服务礼仪和个人防护知识	2-1　职业工作须知	（1）职业须知 （2）工作须知	（1）职业须知	1）为老年人服务 2）为养老机构服务 3）为社会服务	（1）方法：讲授法、案例教学法 （2）重点与难点：养老护理职业意义	1
			（2）工作须知	1）提供生活照护 2）提供基础照护 3）提供康复照护 4）提供心理照护 5）提供安宁照护	（1）方法：讲授法、观摩法 （2）重点与难点：为老年人提供五项服务的目的	1
	2-2　服务礼仪规范	（1）卫生礼仪要求 （2）着装礼仪要求 （3）工作礼仪要求	（1）卫生礼仪要求	1）日常卫生要求 2）头发卫生要求 3）双手卫生要求 4）其他卫生要求	（1）方法：讲授法、案例教学法、观摩法 （2）重点与难点：养老护理卫生、着装礼仪的意义	1
			（2）着装礼仪要求	1）干净整齐 2）色彩淡雅 3）协调得体 4）鞋袜轻便 5）饰物适宜		

续表

2.1.1 职业基本素质培训要求			2.2.1 职业基本素质培训课程规范			
职业基本素质模块（模块）	培训内容（课程）	培训细目	学习单元	课程内容	培训建议	课堂学时
2. 工作须知、服务礼仪和个人防护知识	2–2 服务礼仪规范	(1) 卫生礼仪要求 (2) 着装礼仪要求 (3) 工作礼仪要求	(3) 工作礼仪要求	1) 服务态度要求	(1) 方法：讲授法、案例教学法、观摩法 (2) 重点与难点：工作礼仪的意义	1
				2) 语言礼仪要求		
				3) 举止礼仪要求		
	2–3 个人防护	(1) 工作安全防护 (2) 自我照护	(1) 工作安全防护	1) 预防老年人跌倒	(1) 方法：讲授法、案例教学法、观摩法 (2) 重点与难点：安全防护的意义	1
				2) 预防老年人肌肉拉伤		
				3) 预防老年人腰扭伤		
				4) 预防老年人患流感		
				5) 预防老年人患胃肠炎		
				6) 预防老年人伤害		
				7) 预防老年人的家属伤害		
			(2) 自我照护	1) 养老护理员的常见压力和处理方法	(1) 方法：讲授法、案例教学法、观摩法、角色扮演法等 (2) 重点与难点：应对冲突的实用方法	2
				2) 交流沟通技巧		
				3) 应对冲突的方式		
				4) 应对冲突的实用方法		
3. 老年人护理基础知识	3–1 老年人护理	(1) 老年人生理特点 (2) 老年人心理护理 (3) 老年人生活、运动护理	(1) 老年人正常基本结构、功能与衰老表现	1) 运动系统基本结构、功能与衰老表现	(1) 方法：讲授法、案例教学法、观摩法、角色扮演法等 (2) 重点与难点：老年人衰老的主要表现	6
				2) 呼吸系统基本结构、功能与衰老表现		
				3) 消化系统基本结构、功能与衰老表现		
				4) 循环系统基本结构、功能与衰老表现		
				5) 泌尿系统基本结构、功能与衰老表现		
				6) 生殖系统基本结构、功能与衰老表现		

续表

2.1.1　职业基本素质培训要求			2.2.1　职业基本素质培训课程规范			
职业基本素质模块（模块）	培训内容（课程）	培训细目	学习单元	课程内容	培训建议	课堂学时
3. 老年人护理基础知识	3-1　老年人护理	(1) 老年人生理特点 (2) 老年人心理护理 (3) 老年人生活、运动护理	(1) 老年人正常基本结构、功能与衰老表现	7) 神经系统基本结构、功能与衰老表现		
				8) 内分泌系统基本结构、功能与衰老表现		
				9) 感觉器官基本结构、功能与衰老表现		
				10) 免疫系统基本结构、功能与衰老表现		
				11) 人体整体衰老表现的时间和特点		
			(2) 老年人心理改变因素	1) 生理因素引起的心理改变	(1) 方法：讲授法、案例教学法、观摩法等 (2) 重点与难点：老年人心理改变的主要因素	2
				2) 社会因素引起的心理改变		
				3) 家庭因素引起的心理改变		
			(3) 老年人心理护理特点	1) 老年人心理改变的特点	(1) 方法：讲授法、案例教学法、观摩法等 (2) 重点与难点：心理护理的主要特点	2
				2) 心理改变对老年人健康影响的特点		
				3) 心理护理的特点		
			(4) 老年人生活、运动护理特点	1) 饮食护理特点	(1) 方法：讲授法、案例教学法、观摩法等 (2) 重点与难点：生活和运动护理的主要特点	2
				2) 排泄护理特点		
				3) 睡眠护理特点		
				4) 清洁护理特点		
				5) 被动运动特点		
				6) 协助运动特点		
				7) 主动运动特点		

续表

2.1.1　职业基本素质培训要求			2.2.1　职业基本素质培训课程规范			
职业基本素质模块（模块）	培训内容（课程）	培训细目	学习单元	课程内容	培训建议	课堂学时
3. 老年人护理基础知识	3-2　老年人常见疾病护理知识	（1）老年人患病主要原因和特点 （2）老年人常见疾病护理要点	（1）老年人患病主要原因和特点	1）衰老	（1）方法：讲授法、案例教学法、观摩法等 （2）重点与难点：老年人衰老常见原因	2
				2）免疫功能改变		
				3）患病率高		
				4）患病特点		
			（2）老年人常见疾病护理要点	1）高血压病护理要点	（1）方法：讲授法、案例教学法、观摩法、角色扮演法等 （2）重点与难点：老年人常见慢性病的症状及护理要点	4
				2）冠心病护理要点		
				3）心力衰竭护理要点		
				4）糖尿病护理要点		
				5）脑血管病护理要点		
				6）慢性支气管炎护理要点		
				7）慢性胃炎护理要点		
				8）上消化道出血护理要点		
				9）老年骨关节炎护理要点		
				10）肩关节周围炎护理要点		
				11）癫痫护理要点		
				12）帕金森病护理要点		
				13）认知障碍护理要点		
				14）肾功能衰竭护理要点		
				15）晚期癌症护理要点		

续表

2.1.1 职业基本素质培训要求			2.2.1 职业基本素质培训课程规范			
职业基本素质模块（模块）	培训内容（课程）	培训细目	学习单元	课程内容	培训建议	课堂学时
3. 老年人护理基础知识	3–3 老年人营养素需求及饮食种类	（1）老年人营养素需求 （2）老年人饮食种类	（1）老年人营养素需求与饮食种类	1）营养素种类	（1）方法：讲授法、案例教学法、观摩法等 （2）重点与难点：老年人营养素需求原则及饮食种类	1
				2）各类营养素功能		
				3）老年人营养素需求特点		
				4）老年人营养素需求原则		
				5）基本饮食种类及适应证		
				6）治疗饮食种类及适应证		
4. 老年人护理方法	4–1 老年人一般情况观察方法及记录	（1）老年人一般情况观察及评估 （2）老年人特殊情况观察及评估 （3）常用护理表格内容及填写	（1）老年人一般情况观察及评估	1）老年人观察	（1）方法：讲授法、案例教学法、观摩法等 （2）重点与难点：老年人观察和一般情况评估量表填写	1
				2）老年人一般情况评估表格填写		
			（2）老年人特殊情况观察及评估	1）老年人常见特殊情况观察 ①压疮 ②坏疽 ③坠床 ④跌倒 ⑤猝死 ⑥失能 ⑦抑郁 ⑧认知障碍	（1）方法：讲授法、案例教学法、观摩法等 （2）重点与难点：老年人常见特殊情况表现及评估表的使用	2
				2）老年人常见特殊情况评估表的使用 ①压疮风险评估表 ②坏疽风险评估表 ③坠床风险评估表 ④跌倒风险评估表 ⑤猝死风险评估表 ⑥失能风险评估表 ⑦抑郁风险评估量表 ⑧认知障碍风险评估量表		
			（3）老年人常用护理记录表格内容及填写	1）老年人常用护理记录表格内容	（1）方法：讲授法、案例教学法、观摩法等 （2）重点与难点：老年人护理记录填写注意事项	1
				2）老年人常用护理记录填写注意事项		

续表

2.1.1 职业基本素质培训要求			2.2.1 职业基本素质培训课程规范			
职业基本素质模块（模块）	培训内容（课程）	培训细目	学习单元	课程内容	培训建议	课堂学时
4. 老年人护理方法	4-2 老年人基本救助	（1）老年人基本救助原则 （2）老年人常见基本救助	（1）老年人基本救助目的、注意事项与原则	1）基本救助目的	（1）方法：讲授法、案例教学法、观摩法等 （2）重点与难点：老年人基本救助的原则	2
				2）基本救助注意事项		
				3）呼吸心跳停止救助原则		
				4）噎食救助原则		
				5）外伤出血救助原则		
				6）外伤骨折救助原则		
	4-3 老年人常见冲突和压力处理方法	（1）老年人常见冲突处理方法 （2）老年人常见压力处理方法	（1）老年人常见冲突处理方法	1）常见冲突 ①老年人与子女 ②老年人与老年人 ③老年人与养老护理员 ④老年人家属与养老护理员	（1）方法：讲授法、案例教学法、观摩法、角色扮演法等 （2）重点与难点：老年人常见冲突的处理方法	1
				2）常见冲突处理方法 ①缓解老年人与子女的冲突 ②缓解老年人与老年人的冲突 ③缓解老年人与养老护理员的冲突 ④缓解老年人家属与养老护理员的冲突		
			（2）老年人常见压力处理方法	1）常见压力 ①惧怕衰老 ②惧怕疾病 ③惧怕孤独 ④惧怕死亡	（1）方法：讲授法、案例教学法、观摩法、角色扮演法等 （2）重点与难点：老年人常见压力处理方法	1
				2）常见压力处理方法 ①缓解惧怕衰老 ②缓解惧怕疾病 ③缓解惧怕孤独 ④缓解惧怕死亡		

续表

<table>
<tr><th colspan="3">2.1.1 职业基本素质培训要求</th><th colspan="4">2.2.1 职业基本素质培训课程规范</th></tr>
<tr><th>职业基本素质模块（模块）</th><th>培训内容（课程）</th><th>培训细目</th><th>学习单元</th><th>课程内容</th><th>培训建议</th><th>课堂学时</th></tr>
<tr><td rowspan="10">5. 安全卫生环境保护知识</td><td rowspan="4">5-1 老年人安全防护规范及相关知识</td><td rowspan="4">（1）养老机构安全防护规范相关知识
（2）老年人安全防护规范相关知识</td><td rowspan="2">（1）养老机构安全防护规范相关知识</td><td>1）养老机构安全防护规范</td><td rowspan="2">（1）方法：讲授法、案例教学法、观摩法等
（2）重点与难点：养老机构安全规范</td><td rowspan="2">1</td></tr>
<tr><td>2）养老护理员安全防护规范</td></tr>
<tr><td rowspan="2">（2）老年人安全防护规范相关知识</td><td>1）老年人常见安全问题
①跌倒常见原因
②坠床常见原因
③走失常见原因
④噎食常见原因
⑤烫伤常见原因</td><td rowspan="2">（1）方法：讲授法、案例教学法、观摩法、角色扮演法等
（2）重点与难点：老年人常见安全问题防护方法</td><td rowspan="2">2</td></tr>
<tr><td>2）老年人安全防护方法
①预防跌倒的方法
②预防坠床的方法
③预防走失的方法
④预防噎食的方法
⑤预防烫伤的方法</td></tr>
<tr><td rowspan="4">5-2 老年人卫生防护知识</td><td rowspan="4">（1）老年人个人卫生防护基本知识
（2）老年人环境卫生防护基本知识</td><td rowspan="4">（1）老年人个人与环境卫生防护基本知识</td><td>1）个人卫生防护基本规范</td><td rowspan="4">（1）方法：讲授法、案例教学法、观摩法等
（2）重点与难点：老年人个人与环境卫生防护要求</td><td rowspan="4">1</td></tr>
<tr><td>2）个人卫生防护基本要求</td></tr>
<tr><td>3）环境卫生防护基本规范</td></tr>
<tr><td>4）环境卫生防护基本要求</td></tr>
<tr><td rowspan="2">5-3 老年人环境保护知识</td><td rowspan="2">（1）老年人环境保护设计基本原则</td><td rowspan="2">（1）老年人环境保护设计基本原则</td><td>1）老年人常见环境安全问题</td><td rowspan="2">（1）方法：讲授法、案例教学法、观摩法等
（2）重点与难点：老年人环境安全</td><td rowspan="2">2</td></tr>
<tr><td>2）老年人环境设计基本原则
①居室设计
②卫生间设计
③浴室设计
④活动室设计</td></tr>
</table>

续表

2.1.1 职业基本素质培训要求			2.2.1 职业基本素质培训课程规范			
职业基本素质模块（模块）	培训内容（课程）	培训细目	学习单元	课程内容	培训建议	课堂学时
5. 安全卫生环境保护知识	5–4 老年人居室整理及消毒隔离知识	(1) 老年人居室整理知识 (2) 老年人居室消毒隔离知识	(1) 老年人居室整理与消毒隔离基本知识	1）居室整理的原则和方法 2）居室整理的注意事项 3）消毒的基本常识 4）隔离的基本常识	(1) 方法：讲授法、案例教学法、观摩法等 (2) 重点与难点：老年人居室整理注意事项	1
6. 相关法律、法规知识	6–1 《中华人民共和国老年人权益保障法》相关知识	(1)《老年人权益保障法》概述 (2)《老年人权益保障法》要点解析	(1)《老年人权益保障法》概述及要点解析	1）发布时间和依据 2）总则及分则相关知识概述 3）《老年人权益保障法》要点解析 ①老年人的权益 ②老年人的赡养 ③老年人婚姻与财产处理 ④老年人养老金解析 ⑤老年人医疗解析 ⑥老年人住房解析 ⑦老年人参与社会发展 ⑧老年人权益受侵害的处理	(1) 方法：讲授法、案例教学法、观摩法等 (2) 重点与难点：《老年人权益保障法》要点解析	1
	6–2 《中华人民共和国劳动法》相关知识	(1)《劳动法》概述 (2)《劳动法》相关知识要点解析	(1)《劳动法》概述及要点解析	1）发布时间 2）主要内容 3）《劳动法》要点解析 ①劳动合同 ②工作时间和休息休假 ③工资 ④劳动安全卫生 ⑤女职工和未成年工特殊保护	(1) 方法：讲授法、案例教学法、观摩法等 (2) 重点与难点：《劳动法》要点解析	1

续表

2.1.1 职业基本素质培训要求			2.2.1 职业基本素质培训课程规范			
职业基本素质模块（模块）	培训内容（课程）	培训细目	学习单元	课程内容	培训建议	课堂学时
6. 相关法律、法规知识	6–3 《中华人民共和国劳动合同法》相关知识	（1）《劳动合同法》概述 （2）《劳动合同法》要点解析	（1）《劳动合同法》概述及要点解析	1）发布时间 2）主要内容 3）《劳动合同法》要点解析 ①劳动合同要用书面形式 ②用人单位向员工收取押金解析 ③试用期解析 ④劳动合同必备条款解析 ⑤违约金解析 ⑥无固定期限劳动合同解析 ⑦劳务派遣用工成本提高解析 ⑧工作中应注意的问题解析	（1）方法：讲授法、案例教学法、观摩法等 （2）重点与难点：《劳动合同法》要点解析	1
	6–4 《中华人民共和国消防法》相关知识	（1）《消防法》概述 （2）《消防法》要点解析	（1）《消防法》概述及要点解析	1）发布时间 2）主要内容 3）《消防法》要点解析 ①消防工作方针原则 ②政府责任 ③消防宣传教育 ④单位消防安全职责 ⑤安全许可 ⑥消防组织 ⑦灭火救援 ⑧监督检查 ⑨公民的消防权利和义务 ⑩消防违法行为	（1）方法：讲授法、案例教学法、观摩法等 （2）重点与难点：《消防法》要点解析	1

续表

2.1.1 职业基本素质培训要求			2.2.1 职业基本素质培训课程规范			
职业基本素质模块（模块）	培训内容（课程）	培训细目	学习单元	课程内容	培训建议	课堂学时
6. 相关法律、法规知识	6–5 养老机构服务标准相关知识	(1)《老年人社会福利机构基本规范》概述 (2)《老年人社会福利机构基本规范》要点解析	(1)《老年人社会福利机构基本规范》概述及要点解析	1）实施日期 2）实施意义 3）《老年人社会福利机构基本规范》要点解析 ①饮食服务要求解析 ②护理服务要求解析 ③康复服务要求解析 ④心理服务要求解析 ⑤管理方面要求解析 ⑥人力资源配置要求解析 ⑦制度建设要求解析 ⑧设施设备要求解析	(1) 方法：讲授法、案例教学法、观摩法等 (2) 重点与难点：《老年人社会福利机构基本规范》要点解析	1
课堂学时合计						50

附录 2　初级职业技能培训要求与课程规范对照表

2.1.2 初级职业技能培训要求				2.2.2 初级职业技能培训课程规范			
职业功能模块（模块）	培训内容（课程）	技能目标	培训细目	学习单元	课程内容	培训建议	课堂学时
1. 生活照料	1–1 饮食照料	1–1–1 能帮助老年人进食、进水	(1) 为老年人摆放进食、进水体位 (2) 帮助老年人进食 (3) 帮助老年人进水	(1) 老年人进食、进水体位的摆放	1）老年人进食、进水概述 2）进食、进水体位摆放操作 3）进食、进水体位摆放操作注意事项 4）帮助老年人进食操作 5）帮助老年人进食操作注意事项 6）帮助老年人进水操作 7）帮助老年人进水操作注意事项	(1) 方法：讲授法、演示法、实训（练习）法 (2) 重点与难点：老年人进食、进水体位摆放	8

续表

<table>
<tr><th colspan="4">2.1.2　初级职业技能培训要求</th><th colspan="4">2.2.2　初级职业技能培训课程规范</th></tr>
<tr><th>职业功能模块（模块）</th><th>培训内容（课程）</th><th>技能目标</th><th>培训细目</th><th>学习单元</th><th>课程内容</th><th>培训建议</th><th>课堂学时</th></tr>
<tr><td rowspan="20">1. 生活照料</td><td rowspan="15">1-1　饮食照料</td><td rowspan="6">1-1-2　能观察老年人进食、进水的种类和量，报告并记录异常变化</td><td rowspan="6">（1）观察老年人进食、进水情况
（2）记录老年人进食、进水的种类和量
（3）报告进食、进水异常情况</td><td rowspan="6">（2）老年人进食、进水情况观察、记录及报告</td><td>1）老年人进食、进水观察概述</td><td rowspan="6">（1）方法：讲授法、演示法、实训（练习）法
（2）重点与难点：老年人进食、进水异常情况的观察</td><td rowspan="6">4</td></tr>
<tr><td>2）进食的观察</td></tr>
<tr><td>3）吞咽困难、进食呛咳观察要点</td></tr>
<tr><td>4）进食、进水的种类和量的记录</td></tr>
<tr><td>5）报告的内容及流程</td></tr>
<tr><td>6）进食、进水的观察、记录及报告注意事项</td></tr>
<tr><td rowspan="4">1-1-3　能发放老年人治疗饮食</td><td rowspan="4">（1）老年人治疗饮食的发放</td><td rowspan="4">（3）老年人治疗饮食的发放</td><td>1）老年人治疗饮食概述</td><td rowspan="4">（1）方法：讲授法、案例法、情景模拟法
（2）重点与难点：治疗饮食发放前的核对</td><td rowspan="4">2</td></tr>
<tr><td>2）老年人治疗饮食的种类</td></tr>
<tr><td>3）治疗饮食发放操作</td></tr>
<tr><td>4）治疗饮食发放操作注意事项</td></tr>
<tr><td rowspan="5">1-1-4　能在老年人呕吐时变换其体位</td><td rowspan="5">（1）老年人呕吐时的体位变换</td><td rowspan="5">（4）老年人呕吐时体位变换</td><td>1）老年人恶心、呕吐概述</td><td rowspan="5">（1）方法：讲授法、演示法、实训（练习）法
（2）重点与难点：为老年人呕吐时变换其体位操作</td><td rowspan="5">8</td></tr>
<tr><td>2）呕吐时体位变换的重要性</td></tr>
<tr><td>3）呕吐的照料</td></tr>
<tr><td>4）呕吐时变换体位操作</td></tr>
<tr><td>5）呕吐时变换体位操作注意事项</td></tr>
<tr><td rowspan="5">1-2　排便照料</td><td rowspan="5">1-2-1　能帮助老年人如厕</td><td rowspan="5">（1）帮助老年人如厕</td><td rowspan="5">（1）帮助老年人如厕</td><td>1）老年人排泄概述</td><td rowspan="5">（1）方法：讲授法、演示法、实训（练习）法
（2）重点与难点：帮助老年人如厕操作</td><td rowspan="5">4</td></tr>
<tr><td>2）排泄异常的观察</td></tr>
<tr><td>3）排泄异常的护理</td></tr>
<tr><td>4）帮助老年人如厕操作</td></tr>
<tr><td>5）帮助老年人如厕操作注意事项</td></tr>
</table>

续表

2.1.2 初级职业技能培训要求				2.2.2 初级职业技能培训课程规范			
职业功能模块（模块）	培训内容（课程）	技能目标	培训细目	学习单元	课程内容	培训建议	课堂学时
1．生活照料	1-2 排便照料	1-2-2 能帮助卧床老年人使用便盆	（1）帮助卧床老年人使用便盆	（2）卧床老年人使用便盆	1）影响排便的环境因素 2）帮助老年人养成规律排便的习惯 3）便盆材质及种类 4）床上使用便盆操作 5）使用便盆操作注意事项	（1）方法：讲授法、演示法、实训（练习）法 （2）重点与难点：便盆的放置和撤出	8
		1-2-3 能帮助卧床老年人使用尿壶	（1）帮助卧床老年人使用尿壶	（3）卧床老年人使用尿壶	1）尿壶的种类 2）床上使用尿壶操作 3）使用尿壶操作注意事项	（1）方法：讲授法、演示法、实训（练习）法 （2）重点与难点：尿壶的放置	8
		1-2-4 能为卧床老年人更换尿垫	（1）为卧床老年人更换尿垫	（4）卧床老年人更换尿垫	1）老年人尿失禁概述 2）尿垫的种类及适用范围 3）更换尿垫操作 4）更换尿垫操作注意事项	（1）方法：讲授法、演示法、实训（练习）法 （2）重点与难点：为卧床老年人更换尿垫操作	8
		1-2-5 能为老年人更换纸尿裤	（1）为卧床老年人更换纸尿	（5）老年人纸尿裤更换	1）尿裤的种类及适用范围 2）更换纸尿裤操作 3）更换纸尿裤操作的注意事项	（1）方法：讲授法、演示法、实训（练习）法 （2）重点与难点：为老年人更换纸尿裤操作	8
		1-2-6 能采集老年人的便标本	（1）采集老年人的便标本	（6）老年人便标本采集	1）老年人便标本采集概述 2）采集便标本操作 3）采集便标本操作注意事项	（1）方法：讲授法、演示法、实训（练习）法 （2）重点与难点：采集老年人的便标本操作	4

续表

2.1.2　初级职业技能培训要求				2.2.2　初级职业技能培训课程规范			
职业功能模块（模块）	培训内容（课程）	技能目标	培训细目	学习单元	课程内容	培训建议	课堂学时
1. 生活照料	1–2　排便照料	1–2–7　能采集老年人的尿标本	（1）采集老年人的尿标本	（7）老年人尿标本采集	1）老年人尿标本采集概述 2）采集尿标本操作 3）采集尿标本操作注意事项	（1）方法：讲授法、演示法、实训（练习）法 （2）重点与难点：采集老年人的尿标本操作	4
		1–2–8　能观察老年人排泄物情况，报告并记录异常变化	（1）观察老年人排泄物情况 （2）能记录老年人排泄物异常情况 （3）能报告老年人排泄物异常情况	（8）老年人排泄物观察、报告及记录	1）正常粪便的性状、颜色、量 2）老年人粪便异常的观察 3）正常尿液的性状、颜色、量 4）尿液异常的观察 5）排泄异常报告内容及记录方法 6）报告的流程 7）报告记录注意事项	（1）方法：讲授法、演示法、实训（练习）法 （2）重点与难点：老年人排泄物异常的观察	4
		1–2–9　能使用开塞露辅助老年人排便	（1）使用开塞露辅助老年人排便	（9）老年人开塞露通便	1）解除便秘的常用方法 2）使用开塞露的时机 3）开塞露的用法及用量 4）开塞露作用机理及适应证 5）使用开塞露辅助排便操作 6）使用开塞露辅助排便操作注意事项	（1）方法：讲授法、演示法、实训（练习）法 （2）重点与难点：使用开塞露辅助老年人排便操作	8

续表

2.1.2　初级职业技能培训要求				2.2.2　初级职业技能培训课程规范			
职业功能模块（模块）	培训内容（课程）	技能目标	培训细目	学习单元	课程内容	培训建议	课堂学时
1. 生活照料	1–3　睡眠照料	1–3–1　能为老年人布置睡眠环境	（1）为老年人布置睡眠环境	（1）老年人睡眠环境布置	1）老年人睡眠特点	（1）方法：讲授法、演示法、实训（练习）法 （2）重点与难点：为老年人布置睡眠环境	4
					2）睡眠环境概述		
					3）睡眠环境要求		
					4）布置睡眠环境操作		
					5）布置睡眠环境操作注意事项		
		1–3–2　能观察老年人睡眠状况，报告并记录异常变化	（1）观察老年人睡眠状况 （2）报告并记录老年人睡眠异常变化	（2）老年人睡眠状况观察、报告及记录	1）睡眠质量定义	（1）方法：讲授法、实训（练习）法 （2）重点与难点：观察老年人睡眠状况，报告并记录异常变化	4
					2）睡眠观察内容		
					3）异常睡眠报告内容		
					4）异常睡眠记录及流程		
					5）观察并记录异常睡眠操作		
					6）观察并记录异常睡眠操作注意事项		
	1–4　清洁照料	1–4–1　能为老年人整理、更换床单位	（1）为老年人整理床单位 （2）为老年人更换被服	（1）老年人床单位整理	1）生活环境照料	（1）方法：讲授法、实训（练习）法、演示法、角色扮演法 （2）重点与难点：为老年人整理床单位	8
					2）居室卫生要求		
					3）更换被服要求		
					4）整理床单位操作		
					5）整理床单位操作注意事项		
					6）整理卧床老年人床单位操作		
					7）整理卧床老年人床单位操作注意事项		
				（2）老年人被服更换	8）更换被服操作	（1）方法：讲授法、实训（练习）法、演示法、角色扮演法 （2）重点与难点：为老年人更换被服	8
					9）更换被服操作注意事项		
					10）更换卧床老年人被服操作		
					11）更换卧床老年人被服操作注意事项		

续表

2.1.2　初级职业技能培训要求				2.2.2　初级职业技能培训课程规范			
职业功能模块（模块）	培训内容（课程）	技能目标	培训细目	学习单元	课程内容	培训建议	课堂学时
1．生活照料	1–4　清洁照料	1–4–2　能为老年人进行晨间梳洗 1–4–3　能为老年人进行晚间洗漱	（1）为老年人洗脸、洗手 （2）为老年人梳头 （3）为老年人足浴	（3）老年人晨、晚生活照料	1）晨、晚间梳洗概述 2）晨间梳洗操作 3）晨间梳洗操作注意事项 4）头发梳理操作 5）头发梳理操作注意事项 6）足浴操作 7）足浴操作注意事项	（1）方法：讲授法、实训（练习）法、演示法、角色扮演法 （2）重点与难点：老年人晨间梳洗操作	8
		1–4–3　能为老年人清洁口腔	（1）为老年人清洁口腔	（4）老年人口腔清洁	1）口腔健康的标准 2）口腔清洁的重要性 3）保持口腔健康的方法 4）老年人口腔清洁的方法 5）协助老年人漱口操作 6）协助老年人漱口操作注意事项 7）协助老年人刷牙操作 8）协助老年人刷牙操作注意事项 9）使用棉棒擦拭清洁口腔操作 10）使用棉棒擦拭清洁口腔操作注意事项	（1）方法：讲授法、实训（练习）法、演示法、角色扮演法 （2）重点与难点：使用棉棒擦拭清洁口腔操作	8

续表

2.1.2 初级职业技能培训要求				2.2.2 初级职业技能培训课程规范			
职业功能模块（模块）	培训内容（课程）	技能目标	培训细目	学习单元	课程内容	培训建议	课堂学时
1. 生活照料	1-4 清洁照料	1-4-4 能为老年人摘戴义齿并清洗	（1）为老年人摘戴义齿 （2）为老年人清洗义齿	（5）老年人义齿摘戴及清洗	1）义齿的定义及作用	（1）方法：讲授法、实训（练习）法、演示法、角色扮演法 （2）重点与难点：为老年人摘戴义齿，并清洗	4
					2）佩戴义齿的注意事项		
					3）义齿的摘取和佩戴方法		
					4）义齿的清洗、存放原则		
					5）摘戴义齿操作		
					6）摘戴义齿操作注意事项		
					7）清洁义齿操作		
					8）清洁义齿操作注意事项		
		1-4-5 能为老年人清洁头发	（1）为老年人头发清洁	（6）老年人头发清洁	1）老年人洗发要求	（1）方法：讲授法、实训（练习）法、演示法、角色扮演法 （2）重点与难点：为老年人床上洗发操作	4
					2）头发的养护方法		
					3）坐位洗发操作		
					4）坐位洗发操作注意事项		
					5）床上洗发操作		
					6）床上洗发操作注意事项		
		1-4-6 能为老年人清洁身体	（1）为老年人清洁身体 （2）为老年人清洁会阴	（7）老年人身体清洁	1）身体清洁概述	（1）方法：讲授法、实训（练习）法、演示法、角色扮演法 （2）重点与难点：为老年人床上擦浴操作	8
					2）协助老年人淋浴操作		
					3）协助老年人淋浴操作注意事项		
					4）协助老年人盆浴操作		
					5）协助老年人盆浴操作注意事项		
					6）为老年人床上擦浴操作		
					7）为老年人床上擦浴操作注意事项		
					8）会阴清洁操作		
					9）会阴清洁操作注意事项		

续表

2.1.2　初级职业技能培训要求				2.2.2　初级职业技能培训课程规范			
职业功能模块（模块）	培训内容（课程）	技能目标	培训细目	学习单元	课程内容	培训建议	课堂学时
1. 生活照料	1-4　清洁照料	1-4-7　能为老年人修饰仪容仪表	（1）为老年人修饰仪容仪表	（8）老年人仪容仪表修饰	1）仪容仪表概述	（1）方法：讲授法、实训（练习）法、演示法、角色扮演法 （2）重点与难点：为老年人剃须	4
					2）修剪指（趾）甲操作		
					3）修剪指（趾）甲操作注意事项		
					4）剃须操作		
					5）剃须操作注意事项		
					6）修饰仪容仪表操作		
					7）修饰仪容仪表操作注意事项		
		1-4-8　能为老年人更衣	（1）为老年人更衣	（9）老年人更衣	1）老年人适宜穿着服装	（1）方法：讲授法、实训（练习）法、演示法、角色扮演法 （2）重点与难点：为老年人更衣	4
					2）老年人适合穿着鞋袜		
					3）更换开襟衣服操作		
					4）更换开襟衣服操作注意事项		
					5）更换套头上衣操作		
					6）更换套头上衣操作注意事项		
					7）更换裤子操作		
					8）更换裤子操作注意事项		
		1-4-9　能为老年人翻身，并观察皮肤变化，报告并记录异常变化	（1）为老年人翻身，并观察皮肤变化 （2）报告老人皮肤异常变化 （3）记录老人皮肤异常变化	（10）卧床老年人翻身叩背预防压疮	1）预防压疮知识概述	（1）方法：讲授法、实训（练习）法、演示法、角色扮演法 2）重点与难点：卧床老年人翻身叩背预防压疮操作	8
					2）预防压疮的观察要点		
					3）预防压疮方法		
					4）观察皮肤变化的报告与记录		
					5）翻身叩背预防压疮操作		
					6）翻身扣背预防压疮操作注意事项		

续表

2.1.2 初级职业技能培训要求				2.2.2 初级职业技能培训课程规范			
职业功能模块（模块）	培训内容（课程）	技能目标	培训细目	学习单元	课程内容	培训建议	课堂学时
2．基础护理	2-1 用药照料	2-1-1 能查对并帮助老年人服药	（1）为非自理老年人用药 （2）药品管理	（1）老年人用药照料	1）常用口服药概述 2）不按时服药原因分析 3）药物吞咽困难的原因分析 4）药物的储备量及保管方法	（1）方法：讲授法 （2）重点：用药原则	4
		2-1-2 能观察老年人用药后的反应，记录并及时报告	（1）观察老年人用药后的反应 （2）记录老年人用药后的反应 （3）报告老年人用药后的不良反应	（2）老年人用药后反应的观察、记录及报告	1）各类口服药服药后的观察要点 2）用药后不良反应的观察及处理	（1）方法：讲授法 （2）重点：各类口服药服药后的观察要点	2
	2-2 冷热应用护理	2-2-1 能使用热水袋为老年人保暖	（1）安全使用热水袋	（1）老年人热水袋的使用	1）使用热水袋概述 2）安全使用热水袋的方法 3）热水袋使用操作流程 4）热水袋使用注意事项 5）使用热水袋时的观察要点	（1）方法：讲授法、演示法 （2）重点与难点：热水袋使用的操作流程、使用热水袋时的注意事项及观察要点	4
		2-2-2 能为老年人进行湿热敷	（1）为老年人湿热敷	（2）为老年人湿热敷	1）湿热敷概述 2）湿热敷方法 3）湿热敷操作流程 4）湿热敷注意事项	（1）方法：讲授法、演示法 （2）重点：湿热敷操作流程	4
		2-2-3 能观察冷热应用中老年人皮肤异常变化，记录并及时报告	（1）观察老年人皮肤变化 （2）记录老年人皮肤变化 （3）报告老年人皮肤异常变化	（3）老年人皮肤的观察、记录及异常变化报告	1）冷热应用概述 2）冷热应用所致皮肤损伤表现 3）冷热应用时皮肤的观察、记录、报告	（1）方法：讲授法 （2）重点：老年人皮肤损伤的表现	2

续表

2.1.2 初级职业技能培训要求				2.2.2 初级职业技能培训课程规范			
职业功能模块（模块）	培训内容（课程）	技能目标	培训细目	学习单元	课程内容	培训建议	课堂学时
2．基础护理	2-3 遗体照料	2-3-1 能进行老年人遗体照料	（1）老年人遗体照料	（1）老年人遗体照料	1）遗体照料概述 2）遗体照料方法 3）遗体照料注意事项	（1）方法：讲授法、演示法 （2）重点与难点：遗体照料方法	4
		2-3-2 能整理遗物	（2）整理遗物	（2）整理遗物	1）整理遗物的原则 2）整理遗物的方法 3）整理遗物的注意事项	（1）方法：讲授法 （2）重点：整理遗物的原则	2
3．康复护理	3-1 康乐活动照护	3-1-1 能教老年人手工活动	（1）活动前的准备 （2）手工活动的设计	（1）老年人手工活动	1）手工活动的概述 ①手工活动意义和目的 ②手工活动的类型 2）手工活动设计的原则 3）手工活动的注意事项	（1）方法：讲授法、演示法 （2）重点与难点：手工活动的意义和设计原则、手工活动的注意事项	4
		3-1-2 能组织老年人进行娱乐游戏活动	（1）活动前准备 （2）娱乐游戏活动设计	（2）老年人娱乐游戏活动	1）娱乐游戏活动概述 ①娱乐游戏活动的意义和目的 ②娱乐游戏活动的类型 2）娱乐游戏活动设计的原则 3）娱乐游戏活动的注意事项	（1）方法：讲授法、演示法 （2）重点与难点：娱乐游戏活动的意义和原则、娱乐游戏活动的注意事项	4
	3-2 活动保护	3-2-1 能教老年人使用拐杖	（1）拐杖检查方法 （2）拐杖使用方法	（1）拐杖使用	1）拐杖概述 ①拐杖类型 ②拐杖选择 2）拐杖检查和使用方法 3）拐杖使用注意事项	（1）方法：讲授法、演示法 （2）重点与难点：拐杖的检查、拐杖的使用方法	4

续表

2.1.2 初级职业技能培训要求				2.2.2 初级职业技能培训课程规范			
职业功能模块（模块）	培训内容（课程）	技能目标	培训细目	学习单元	课程内容	培训建议	课堂学时
3．康复护理	3-2 活动保护	3-2-2 能使用轮椅辅助老年人进行活动	（1）轮椅检查方法 （2）轮椅使用方法	（2）轮椅使用	1）轮椅类型 2）轮椅选择 3）轮椅检查 4）轮椅使用方法 5）轮椅使用注意事项	（1）方法：讲授法、演示法 （2）重点与难点：轮椅的检查、轮椅的使用方法	4
		3-2-3 能使用转运车等工具转运搬移老年人	（1）转运车检查方法 （2）转运车使用方法	（3）转运车使用	1）转运车概述 ①转运车类型 ②转运车选择 2）使用转运车转运老年人方法 3）转运平车使用注意事项	（1）方法：讲授法、演示法 （2）重点与难点：转运车的检查、使用转运车转运老年人	2
课堂学时合计							190

附录 3　中级职业技能培训要求与课程规范对照表

2.1.3 中级职业技能培训要求				2.2.3 中级职业技能培训课程规范			
职业功能模块（模块）	培训内容（课程）	技能目标	培训细目	学习单元	课程内容	培训建议	课堂学时
1．生活照料	1-1 饮食照料	1-1-1 能照料留置鼻饲管的老年人进食	（1）鼻饲管在胃内的判断 （2）带鼻饲管的老年人进食照料	（1）老年人鼻饲进食照料	1）鼻饲概述 ①鼻饲定义 ②鼻饲的目的 ③鼻饲的适应证 ④鼻饲饮食的种类、成分及特点 2）鼻饲用物 ①鼻饲管 ②灌注器 3）判断鼻饲管在胃内的方法 4）鼻饲进食照料操作 5）饲管进食照料操作注意事项	（1）方法：讲授法、演示法、实训（练习）法 （2）重点与难点：判断鼻饲管在胃内的方法	8

续表

2.1.3　中级职业技能培训要求				2.2.3　中级职业技能培训课程规范			
职业功能模块（模块）	培训内容（课程）	技能目标	培训细目	学习单元	课程内容	培训建议	课堂学时
1．生活照料	1-1　饮食照料	1-1-2　能对发生噎食情况的老年人采取应急救助措施	（1）老年人发生噎食情况采取应急救助措施	（2）老年人噎食应急救助	1）噎食概述 ①噎食的定义 ②噎食的原因 2）噎食急救方法 ①急救原则 ②急救方法 3）发生噎食应急救助操作 4）噎食应急救助操作注意事项	（1）方法：讲授法、演示法、实训（练习）法 （2）重点与难点：老年人发生噎食情况采取应急救助方法	8
	1-2　排泄照料	1-2-1　能使用人工取便的方法辅助老年人排便	（1）使用人工取便的方法辅助老年人排便	（1）为老年人人工取便	1）便秘概述 ①便秘症状体征 ②老年人便秘的原因 2）人工取便概述 ①人工取便的定义 ②适用对象 ③人工取便的时机 ④人工取便的目的 3）人工取便操作 4）人工取便操作注意事项	（1）方法：讲授法、演示法、实训（练习）法 （2）重点与难点：使用人工取便的方法辅助老年人排便	8
		1-2-2　能为留置导尿的老年人更换尿袋	（1）留置导尿的老年人更换尿袋	（2）老年人的尿袋更换	1）留置导尿的概述 ①留置导尿定义 ②留置导尿适用对象 ③留置导尿目的 2）留置导尿用物 ①导尿管 ②尿袋 3）更换尿袋要求 4）更换尿袋操作 5）更换尿袋操作注意事项	（1）方法：讲授法、演示法、实训（练习）法 （2）重点与难点：更换尿袋操作与注意事项	8

续表

<table>
<tr><th colspan="4">2.1.3　中级职业技能培训要求</th><th colspan="4">2.2.3　中级职业技能培训课程规范</th></tr>
<tr><th>职业功能模块（模块）</th><th>培训内容（课程）</th><th>技能目标</th><th>培训细目</th><th>学习单元</th><th>课程内容</th><th>培训建议</th><th>课堂学时</th></tr>
<tr><td rowspan="16">1．生活照料</td><td rowspan="11">1–2　排泄照料</td><td rowspan="5">1–2–3　能为有肠造瘘的老年人更换粪袋</td><td rowspan="5">（1）肠造瘘的老年人更换粪袋</td><td rowspan="5">（3）老年人的粪袋更换</td><td>1）肠造瘘的定义</td><td rowspan="5">（1）方法：讲授法、演示法、实训（练习）法
（2）重点与难点：肠造瘘的老年人更换粪袋</td><td rowspan="5">8</td></tr>
<tr><td>2）粪袋种类</td></tr>
<tr><td>3）肠造瘘口护理</td></tr>
<tr><td>4）更换粪袋操作</td></tr>
<tr><td>5）更换粪袋操作注意事项</td></tr>
<tr><td rowspan="6">1–2–4　能观察留置导尿的老年人的尿量及颜色，记录异常并及时报告</td><td rowspan="6">（1）观察留置导尿的老年人的颜色
（2）能记录留置导尿的老年人的尿量及颜色
（3）能报告留置导尿的老年人尿液异常情况</td><td rowspan="6">（4）留置导尿老年人尿液情况观察、记录及报告</td><td>1）老年人正常尿液的性状</td><td rowspan="6">（1）方法：讲授法、演示法、实训（练习）法
（2）重点与难点：观察留置导尿的老年人的尿量及颜色，记录异常并及时报告操作</td><td rowspan="6">4</td></tr>
<tr><td>2）老年人异常尿液观察内容
①尿量
②尿液颜色
③尿液气味</td></tr>
<tr><td>3）留置导尿老年人尿液观察要求</td></tr>
<tr><td>4）异常尿液报告内容及流程</td></tr>
<tr><td>5）留置导尿老年人尿液情况观察记录操作</td></tr>
<tr><td>6）留置导尿老年人尿液情况观察记录操作注意事项</td></tr>
<tr><td rowspan="4">1–3　睡眠照料</td><td rowspan="4">1–3–1　能识别影响老年人睡眠的环境因素并提出改善建议</td><td rowspan="4">（1）识别影响老年人睡眠的环境因素
（2）提出改善睡眠环境的建议</td><td rowspan="4">（1）老年人睡眠环境影响因素识别及改善建议</td><td>1）老年人睡眠特点</td><td rowspan="4">（1）方法：讲授法、实训（练习）法、讨论法
（2）重点与难点：识别影响老年人睡眠的环境因素并提出改善建议</td><td rowspan="4">4</td></tr>
<tr><td>2）影响老年人睡眠环境因素</td></tr>
<tr><td>3）识别影响老年人睡眠的环境因素并提出改善建议操作</td></tr>
<tr><td>4）识别影响老年人睡眠的环境因素并提出改善建议操作注意事项</td></tr>
</table>

续表

2.1.3　中级职业技能培训要求				2.2.3　中级职业技能培训课程规范			
职业功能模块（模块）	培训内容（课程）	技能目标	培训细目	学习单元	课程内容	培训建议	课堂学时
1．生活照料	1-3　睡眠照料	1-3-2　能照料有睡眠障碍的老年人入睡	（1）照料有睡眠障碍的老年人入睡	（2）睡眠障碍老年人入睡照料	1）睡眠障碍的概述	（1）方法：讲授法、实训（练习）法 （2）重点与难点：照料有睡眠障碍的老年人入睡	4
					2）睡眠照料操作		
					3）照料有睡眠障碍的老年人入睡的操作		
					4）照料有睡眠障碍的老年人入睡的操作注意事项		
		1-3-3　能指导老年人改变不良的睡眠习惯	（1）指导老年人改变不良的睡眠习惯	（3）老年人不良睡眠习惯指导	1）老年人良好的睡眠习惯	（1）方法：讲授法、实训（练习）法 （2）重点与难点：指导老年人改变不良的睡眠习惯	4
					2）老年人常见的不良睡眠习惯		
					3）改善影响老年人睡眠不良习惯的方法		
					4）指导老年人改变不良的睡眠习惯的操作		
					5）指导老年人改变不良的睡眠习惯的操作注意事项		
	1-4　清洁照料	1-4-1　能为老年人进行口腔护理	（1）为老年人进行口腔护理	（1）老年人口腔护理	1）口腔护理概述	（1）方法：讲授法、实训（练习）法、演示法 （2）重点与难点：为老年人进行口腔护理	8
					2）老年人常见的口腔健康问题		
					3）老年人口腔护理操作		
					4）老年人口腔护理操作注意事项		
		1-4-2　能对老年人进行床旁消毒隔离	（1）对老年人进行床旁消毒隔离	（2）床旁消毒隔离	1）隔离的概述	（1）方法：讲授法、实训（练习）法、演示法、案例教学法 （2）重点与难点：对老年人进行床旁消毒隔离	4
					2）床旁隔离的概述		
					3）床旁消毒隔离操作		
					4）床旁消毒隔离操作注意事项		

续表

<table>
<tr><th colspan="4">2.1.3 中级职业技能培训要求</th><th colspan="4">2.2.3 中级职业技能培训课程规范</th></tr>
<tr><th>职业功能模块（模块）</th><th>培训内容（课程）</th><th>技能目标</th><th>培训细目</th><th>学习单元</th><th>课程内容</th><th>培训建议</th><th>课堂学时</th></tr>
<tr><td rowspan="18">2. 基础护理</td><td rowspan="8">2-1 用药照料</td><td>2-1-1 能为老年人进行雾化吸入操作</td><td>（1）为老年人雾化吸入</td><td>（1）为老年人雾化吸入</td><td>1）雾化吸入概述
2）雾化吸入操作方法
3）雾化吸入注意事项</td><td>（1）方法：讲授法、演示法
（2）重点：雾化吸入的操作方法</td><td>4</td></tr>
<tr><td rowspan="4">2-1-2 能为老年人应用眼、耳、鼻等外用药</td><td rowspan="4">（1）为老年人使用滴眼剂
（2）为老年人使用滴鼻剂
（3）为老年人使用滴耳剂</td><td rowspan="4">（2）协助老年人使用外用药</td><td>1）外用药概述</td><td rowspan="4">（1）方法：讲授法、演示法
（2）难点：滴眼剂的使用方法</td><td rowspan="4">4</td></tr>
<tr><td>2）滴眼剂种类、使用方法及注意事项</td></tr>
<tr><td>3）滴鼻剂种类、使用方法及注意事项</td></tr>
<tr><td>4）滴耳剂种类、使用方法及注意事项</td></tr>
<tr><td rowspan="2">2-1-3 能为Ⅰ度压疮老年人提供压疮处理措施</td><td rowspan="2">（1）为老年人处理Ⅰ度压疮</td><td rowspan="2">（3）老年人Ⅰ度压疮处理</td><td>1）Ⅰ度压疮概述</td><td rowspan="2">（1）方法：讲授法
（2）重点：Ⅰ度压疮的处理</td><td rowspan="2">4</td></tr>
<tr><td>2）Ⅰ度压疮处理方法</td></tr>
<tr><td colspan="7"></td></tr>
<tr><td rowspan="10">2-2 冷热应用护理</td><td rowspan="3">2-2-1 能为老年人测量体温</td><td rowspan="3">（1）使用及维护体温计
（2）测量老年人体温</td><td rowspan="3">（1）老年人体温测量</td><td>1）体温概述</td><td rowspan="3">（1）方法：讲授法、演示法
（2）难点：体温测量方法</td><td rowspan="3">2</td></tr>
<tr><td>2）体温测量方法</td></tr>
<tr><td>3）体温计（汞、电子、体温枪）的使用及维护</td></tr>
<tr><td rowspan="3">2-2-2 能使用冰袋为高热老年人进行物理降温，观察并记录体温变化</td><td rowspan="3">（1）实施冰袋物理降温
（2）观察、记录体温变化</td><td rowspan="3">（2）实施冰袋物理降温</td><td>1）物理降温概述</td><td rowspan="3">（1）方法：讲授法、演示法
（2）重点：冰袋使用方法</td><td rowspan="3">4</td></tr>
<tr><td>2）冰袋使用方法</td></tr>
<tr><td>3）冰袋使用禁忌</td></tr>
<tr><td rowspan="3">2-2-3 能使用温水擦浴为高热老年人进行物理降温，观察并记录体温变化</td><td rowspan="3">（1）实施冰袋物理降温
（2）观察、记录体温变化</td><td rowspan="3">（3）实施温水擦浴物理降温</td><td>1）温水擦浴概述</td><td rowspan="3">（1）方法：讲授法、演示法
（2）重点：温水擦浴的部位及手法</td><td rowspan="3">4</td></tr>
<tr><td>2）温水擦浴准备</td></tr>
<tr><td>3）温水擦浴操作流程</td></tr>
</table>

续表

<table>
<tr><th colspan="4">2.1.3　中级职业技能培训要求</th><th colspan="4">2.2.3　中级职业技能培训课程规范</th></tr>
<tr><th>职业功能模块（模块）</th><th>培训内容（课程）</th><th>技能目标</th><th>培训细目</th><th>学习单元</th><th>课程内容</th><th>培训建议</th><th>课堂学时</th></tr>
<tr><td rowspan="6">2. 基础护理</td><td rowspan="6">2-3　安宁照护</td><td rowspan="3">2-3-1　能运用抚摸、握手等肢体语言为临终老年人提供慰藉支持</td><td rowspan="3">（1）运用肢体语言</td><td rowspan="3">（1）运用肢体语言为临终老人提供慰藉</td><td>1）安宁照护概述</td><td rowspan="3">（1）方法：讲授法、演示法、案例法
（2）难点：肢体语言的运用</td><td rowspan="3">4</td></tr>
<tr><td>2）应用肢体语言概述</td></tr>
<tr><td>3）应用肢体语言的方法</td></tr>
<tr><td rowspan="3">2-3-2　能对临终老年人及家属提供精神安慰支持</td><td rowspan="3">（1）安慰临终老年人
（2）安慰临终老年人家属</td><td rowspan="3">（2）为临终老年人及家属提供精神安慰支持</td><td>1）死亡教育概述</td><td rowspan="3">（1）方法：讲授法、演示法、案例法
（2）重点：安慰临终老年人及家属的方法</td><td rowspan="3">4</td></tr>
<tr><td>2）安慰临终老年人的方法</td></tr>
<tr><td>3）安慰临终老年人家属的方法</td></tr>
<tr><td rowspan="6">3. 康复护理</td><td rowspan="6">3-1　康乐活动照护</td><td rowspan="3">3-1-1　能教老年人使用健身器材进行功能锻炼</td><td rowspan="3">（1）为老年人介绍健身器材
（2）教老年人使用健身器材进行功能锻炼</td><td rowspan="3">（1）老年人使用健身器材进行功能锻炼</td><td>1）健身器材概述
①健身器材概念及目的
②健身器材分类
③使用健身器材适用对象</td><td rowspan="3">（1）方法：讲授法、演示法
（2）重点与难点：教老年人使用健身器材进行功能锻炼的方法</td><td rowspan="3">4</td></tr>
<tr><td>2）使用健身器材的原则</td></tr>
<tr><td>3）教老年人使用健身器材进行功能锻炼的方法</td></tr>
<tr><td rowspan="3">3-1-2　能帮助老年人进行床上体位转换</td><td rowspan="3">（1）评估老年人床上的活动能力
（2）帮助老年人进行床上体位转换</td><td rowspan="3">（2）老年人床上体位转换</td><td>1）体位转换概述</td><td rowspan="3">（1）方法：讲授法、演示法
（2）重点与难点：各种体位转换的方法</td><td rowspan="3">4</td></tr>
<tr><td>2）帮助老年人进行床上体位转换的方法
①帮助老年人从仰卧位至侧卧位的体位转换
②帮助老年人从仰卧位至坐位的体位转换
③帮助老年人从仰卧位至床边坐起的体位转换</td></tr>
<tr><td>3）帮助老年人床上体位转换注意事项</td></tr>
</table>

续表

2.1.3　中级职业技能培训要求				2.2.3　中级职业技能培训课程规范			
职业功能模块（模块）	培训内容（课程）	技能目标	培训细目	学习单元	课程内容	培训建议	课堂学时
3．康复护理	3–2　功能锻炼	3–2–1　能帮助肢体功能障碍的老年人进行穿、脱衣服锻炼	（1）穿、脱衣服前评估老年人肢体功能情况 （2）穿、脱衣服锻炼	（1）肢体功能障碍的老年人进行穿、脱衣服锻炼	1）穿、脱衣服锻炼目的	（1）方法：讲授法、演示法 （2）重点与难点：穿脱各种衣服的方法	4
					2）穿、脱衣服锻炼方法 ①穿、脱前开襟衣服方法 ②穿、脱套头衣服方法 ③卧位穿、脱裤子方法 ④坐位穿、脱裤子方法 ⑤穿、脱鞋袜方法		
					3）帮助老年人进行穿、脱衣服锻炼注意事项		
		3–2–2　能帮助老年人进行站、坐及行走等活动	（1）评估老年人活动能力 （2）协助老年人站立、端坐及行走	（2）看护老年人锻炼站立、端坐及行走	1）老年人站立行走的目的	（1）方法：讲授法、演示法 （2）重点与难点：从坐位向站立位转换的方法、扶持与行走活动的方法	4
					2）从坐位向站立位转换的方法		
					3）扶持与行走活动的方法		
					4）老年人常见的异常步态		
课堂学时合计							114

附录 4　高级职业技能培训要求与课程规范对照表

2.1.4　高级职业技能培训要求				2.2.4　高级职业技能培训课程规范			
职业功能模块（模块）	培训内容（课程）	技能目标	培训细目	学习单元	课程内容	培训建议	课堂学时
1．生活照料	1–1　饮食照料	1–1–1　能识别老年人进食、进水困难的基本原因	（1）识别老年人进食困难的基本原因 （2）识别老年人进水困难的基本原因	（1）老年人进食、进水困难基本原因识别	1）老年人进食、进水困难概述 ①进食困难的原因及表现 ②进水困难的原因及表现	（1）方法：讲授法、演示法、实训（练习）法 （2）重点与难点：老年人进食、进水困难基本原因识别	4

续表

2.1.4 高级职业技能培训要求				2.2.4 高级职业技能培训课程规范			
职业功能模块（模块）	培训内容（课程）	技能目标	培训细目	学习单元	课程内容	培训建议	课堂学时
1．生活照料	1-1 饮食照料	1-1-1 能识别老年人进食进水困难的基本原因	（1）识别老年人进食困难的基本原因 （2）识别老年人进水困难的基本原因	（1）老年人进食、进水困难基本原因识别	2）进食、进水困难原因识别方法 ①观察老年人进食、进水表现 ②询问老年人进食、进水情况 ③判断原因		
					3）老年人进食、进水困难基本原因识别操作		
					4）老年人进食、进水困难基本原因识别操作注意事项		
		1-1-2 能对老年人不良的饮食习惯进行健康指导，并提出饮食改善建议	（1）指导老年人健康饮食 （2）提出老年人不良饮食习惯的改善建议	（2）老年人不良饮食习惯健康指导及改善建议	1）老年人饮食习惯概述 ①老年人常见不良饮食习惯 ②影响老年人饮食习惯因素	（1）方法：讲授法、演示法、实训（练习）法 （2）重点与难点：老年人健康饮食指导、对老年人不良的饮食习惯提出改善建议	4
					2）老年人健康饮食指导		
					3）对老年人不良饮食习惯提出改善建议操作		
					4）对老年人不良饮食习惯提出改善建议操作注意事项		
		1-1-3 能检查老年人治疗饮食的落实情况	（1）检查老年人治疗饮食的落实情况	（3）老年人治疗饮食落实情况检查	1）治疗饮食概述 ①治疗饮食定义 ②不同病症适宜的治疗饮食	（1）方法：讲授法、演示法、实训（练习）法 （2）重点与难点：不同病症适宜的治疗饮食、老年人治疗饮食的落实情况的检查操作	4
					2）老年人治疗饮食落实的检查内容 ①是否按时食用治疗饮食 ②是否按要求食用治疗饮食 ③食用治疗饮食后的效果 ④检查结果记录		
					3）检查老年人治疗饮食落实操作		
					4）检查老年人治疗饮食落实操作注意事项		

续表

2.1.4 高级职业技能培训要求				2.2.4 高级职业技能培训课程规范			
职业功能模块（模块）	培训内容（课程）	技能目标	培训细目	学习单元	课程内容	培训建议	课堂学时
1．生活照料	1–1 饮食照料	1–1–4 能识别老年人呕吐物异常，记录异常变化并及时采取应对措施	（1）识别老年人呕吐物异常 （2）记录老年人呕吐物异常 （3）老年人呕吐物异常时的应对措施	（4）老年人呕吐物识别、记录及呕吐应对措施	1）识别老年人呕吐物异常的意义 2）呕吐物异常的识别与记录 3）呕吐物异常识别及应对操作 4）呕吐物异常识别及应对操作注意事项	（1）方法：讲授法、演示法、实训（练习）法 （2）重点与难点：呕吐物异常的识别与记录	4
	1–2 排泄照料	1–2–1 能识别老年人排尿异常的基本原因	（1）识别老年人排尿异常的基本原因	（1）老年人排尿异常识别	1）老年人排泄异常概述 2）常见排尿异常原因及表现 3）排尿异常分析方法 4）识别排尿异常原因操作 5）识别排尿异常原因操作注意事项	（1）方法：讲授法、演示法、实训（练习）法 （2）重点与难点：老年人常见排尿异常的表现及原因	4
		1–2–2 能识别老年人排便异常的基本原因	（2）老年人排便异常基本原因的识别	（2）老年人排便异常识别	1）常见排便异常原因及表现 2）老年人排便异常分析方法 3）识别排便异常原因操作 4）识别排便异常原因操作注意事项	（1）方法：讲授法、演示法、实训（练习）法 （2）重点与难点：老年人常见排便异常的表现及原因	4
2．基础护理	2–1 消毒防护	2–1–1 能对老年人的居室进行紫外线消毒	（1）使用紫外线灯消毒老年人居室 （2）维护紫外线灯	（1）紫外线灯的消毒及防护	1）紫外线灯概述 2）紫外线灯使用操作方法 3）紫外线灯强度测定方法 4）紫外线灯维护方法	（1）方法：讲授法、演示法 （2）重点：紫外线灯的使用及维护	2

续表

<table>
<tr><th colspan="4">2.1.4　高级职业技能培训要求</th><th colspan="4">2.2.4　高级职业技能培训课程规范</th></tr>
<tr><th>职业功能模块（模块）</th><th>培训内容（课程）</th><th>技能目标</th><th>培训细目</th><th>学习单元</th><th>课程内容</th><th>培训建议</th><th>课堂学时</th></tr>
<tr><td rowspan="16">2．基础护理</td><td rowspan="3">2-1　消毒防护</td><td rowspan="3">2-1-2　能配制消毒液消毒老年人房间</td><td rowspan="3">（1）配制消毒液
（2）使用消毒液消毒老年人房间</td><td rowspan="3">（2）配制消毒液消毒老年人房间</td><td>1）消毒液概述</td><td rowspan="3">（1）方法：讲授法、演示法
（2）重点与难点：消毒液的配制</td><td rowspan="3">4</td></tr>
<tr><td>2）常用消毒液的配制及浓度测定方法</td></tr>
<tr><td>3）消毒液消毒房间的方法（空气、物品表面、生活用品）</td></tr>
<tr><td rowspan="13">2-2　应急救护</td><td rowspan="9">2-2-1　能对老年人外伤出血、烫伤、跌倒等意外及时做出初步的应急处理</td><td rowspan="4">（1）对老年人外伤进行初步应急处理</td><td rowspan="4">（1）老年人外伤初步止血应急处理</td><td>1）外伤及其应急处理概述</td><td rowspan="4">（1）方法：讲授法、演示法、实训（练习）法
（2）难点：外伤的应急处理原则</td><td rowspan="4">8</td></tr>
<tr><td>2）外伤出血止血方法</td></tr>
<tr><td>3）包扎概述与方法</td></tr>
<tr><td>4）软组织伤处理注意事项</td></tr>
<tr><td rowspan="3">（1）对老年人烫伤进行应急处理</td><td rowspan="3">（2）老年人烫伤应对</td><td>1）烫伤概述</td><td rowspan="3">（1）方法：讲授法、演示法、实训（练习）法
（2）难点：常见烫伤的处理原则</td><td rowspan="3">4</td></tr>
<tr><td>2）识别烫伤程度的方法</td></tr>
<tr><td>3）常见烫伤处理原则及方法</td></tr>
<tr><td rowspan="2">（1）对老年人跌倒进行应急处理</td><td rowspan="2">（3）老年人跌倒后的初步处理</td><td>1）跌倒概述</td><td rowspan="2">（1）方法：讲授法、演示法、实训（练习）法
（2）难点：跌倒的应急处理原则</td><td rowspan="2">4</td></tr>
<tr><td>2）跌倒应急处理方法</td></tr>
<tr><td rowspan="4">2-2-2　能配合医护人员对骨折老年人的应急处理</td><td rowspan="4">（1）配合医护人员对骨折老年人进行初步固定
（2）配合医护人员对骨折老年人进行搬移</td><td rowspan="4">（4）配合医护人员对骨折老年人的应急处理</td><td>1）骨折概述</td><td rowspan="4">（1）方法：讲授法、演示法、实训（练习）法
（2）难点：老年人骨折固定常见方法、骨折老年人常见搬运方法</td><td rowspan="4">4</td></tr>
<tr><td>2）老年人骨折处理方法</td></tr>
<tr><td>3）骨折固定常用方法</td></tr>
<tr><td>4）搬运骨折老年人方法及注意事项</td></tr>
</table>

续表

<table>
<tr><th colspan="4">2.1.4　高级职业技能培训要求</th><th colspan="4">2.2.4　高级职业技能培训课程规范</th></tr>
<tr><th>职业功能模块（模块）</th><th>培训内容（课程）</th><th>技能目标</th><th>培训细目</th><th>学习单元</th><th>课程内容</th><th>培训建议</th><th>课堂学时</th></tr>
<tr><td rowspan="15">2．基础护理</td><td rowspan="15">2–2　应急救护</td><td rowspan="5">2–2–3　能应急处理老年人误吸、窒息和跌倒</td><td rowspan="5">（1）应对老年人误吸
（2）应对老年人窒息
（3）正确处理老年人跌倒</td><td rowspan="5">（5）老年人误吸窒息、跌倒的应急处理</td><td>1）误吸和窒息概述</td><td rowspan="5">（1）方法：讲授法、演示法、实训（练习）法
（2）难点：误吸和窒息的处理原则、跌倒的现场处理</td><td rowspan="5">4</td></tr>
<tr><td>2）排痰的操作方法</td></tr>
<tr><td>3）海姆立克急救法</td></tr>
<tr><td>4）老年人跌倒的概述</td></tr>
<tr><td>5）老年人跌倒的现场处理</td></tr>
<tr><td rowspan="4">2–2–4　能对心脏骤停老年人采取必要的应对措施</td><td rowspan="4">（1）为老年人实施胸外按压
（2）为老年人实施人工呼吸</td><td rowspan="4">（6）心脏骤停老年人的应对</td><td>1）心脏骤停概述</td><td rowspan="4">（1）方法：讲授法、演示法、实训（练习）法
（2）难点：胸外心脏按压的方法</td><td rowspan="4">8</td></tr>
<tr><td>2）心脏骤停老年人的判断方法
①观察意识
②观察脉搏
③观察呼吸</td></tr>
<tr><td>3）胸外心脏按压及人工呼吸方法</td></tr>
<tr><td>4）观察采取措施后老年人意识、脉搏、呼吸有无改善的方法</td></tr>
<tr><td rowspan="6">2–2–5　能遵医嘱为老年人进行氧气吸入操作</td><td rowspan="6">（1）为老年人实施氧气吸入</td><td rowspan="6">（7）为老年人实施氧气吸入</td><td>1）老年人缺氧概述</td><td rowspan="6">（1）方法：讲授法、演示法
（2）难点：安全用氧的注意事项</td><td rowspan="6">4</td></tr>
<tr><td>2）制氧设备的概述（制氧机、氧气筒、氧气瓶、氧气管路）</td></tr>
<tr><td>3）氧气吸入概述</td></tr>
<tr><td>4）吸氧操作方法</td></tr>
<tr><td>5）氧气装置维护</td></tr>
<tr><td>6）安全用氧注意事项</td></tr>
</table>

续表

2.1.4 高级职业技能培训要求				2.2.4 高级职业技能培训课程规范			
职业功能模块（模块）	培训内容（课程）	技能目标	培训细目	学习单元	课程内容	培训建议	课堂学时
3．康复护理	3-1 康乐活动照护	3-1-1 能带领认知障碍（老年性痴呆）老年人进行文娱活动	（1）为认知障碍（老年性痴呆）老年人制订文娱活动方案 （2）带领认知障碍（老年性痴呆）老年人进行文娱活动	（1）带领认知障碍老年人进行文娱活动	1）认知障碍概述 2）文娱活动概述 3）认知障碍（老年性痴呆）老年人文娱活动方法 4）认知障碍（老年性痴呆）老年人文娱活动注意事项	（1）方法：讲授法、演示法 （2）重点与难点：认知障碍老年人文娱活动方法	4
	3-2 功能锻炼	3-2-1 能帮助肢体障碍老年人进行功能训练	（1）为肢体障碍老年人制订训练方案 （2）能帮助肢体障碍老年人进行康复训练	（1）帮助肢体障碍的老年人进行功能训练	1）肢体障碍概述 2）肢体障碍老年人康复训练方法 3）肢体障碍老年人康复训练注意事项	（1）方法：讲授法、演示法 （2）重点与难点：肢体障碍老年人评估和康复训练方法	4
		3-2-2 能帮助尿失禁老年人进行功能训练	（1）为尿失禁老年人制订训练方案 （2）帮助尿失禁老年人进行康复功能训练	（2）帮助尿失禁老年人进行功能训练	1）尿失禁概述 2）尿失禁的评估 3）尿失禁康复功能训练的方法 4）尿失禁康复功能训练注意事项	（1）方法：讲授法、演示法 （2）重点与难点：尿失禁评估和康复功能训练的方法	4
4．心理护理	4-1 心理疏导	4-1-1 能观察并识别老年人的心理变化	（1）识别老年人的抑郁情绪 （2）识别老年人认知障碍	（1）对老年人心理变化的观察	1）老年人正常的心理变化 ①记忆力的变化 ②智力的变化 ③老年人情绪的变化 ④老年人人格的变化 2）老年人异常的心理变化 ①离退休综合征 ②老年抑郁 ③老年认知障碍 3）老年人异常心理变化的筛查与识别 ①识别老年抑郁情绪 ②识别老年认知障碍	（1）方法：讲授法、演示法、角色扮演法、案例教学法 （2）重点与难点：老年抑郁量表测评、简易智能状态速检表测评	4

续表

2.1.4　高级职业技能培训要求				2.2.4　高级职业技能培训课程规范			
职业功能模块（模块）	培训内容（课程）	技能目标	培训细目	学习单元	课程内容	培训建议	课堂学时
4．心理护理	4-1　心理疏导	4-1-2　能用语言和肢体语言疏导老年人的不良情绪	（1）使用语言技巧疏导老年人的不良情绪 （2）使用非语言技巧疏导老年人的不良情绪	（2）对老年人不良情绪的疏导	1）语言心理疏导技巧	（1）方法：讲授法、演示法、角色扮演法、案例教学法 （2）重点与难点：语言与非语言心理疏导技巧的运用	4
					2）非语言心理疏导技巧		
					3）根据老年人特点进行心理疏导的方法		
	4-2　心理保健	4-2-1　能为老年人及家属进行心理健康宣教	（1）设计老年人及家属心理健康宣教方案 （2）实施老年人及家属心理健康宣教方案	（1）老年人及家属的心理健康教育	1）老年人心理健康的标准	（1）方法：讲授法、演示法、案例教学法 （2）重点与难点：老年人心理健康教育方案设计	4
					2）老年人心理保健的要点		
					3）老年人及家属心理健康教育方案设计		
					4）老年人及家属心理健康教育方案实施		
		4-2-2　能营造老年人交往环境，带动老年人参与兴趣活动	（1）营造老年人交往环境 （2）老年人兴趣活动的设计	（2）老年人交往环境的营造	1）营造老年人交往环境重要性	（1）方法：讲授法、讨论法、观摩法 （2）重点与难点：老年人交往环境的营造方法	2
					2）老年人交往环境特点		
					3）老年人交往环境的营造方法		
				（3）老年人兴趣活动的设计	1）老年人进行兴趣活动意义	（1）方法：讲授法、演示法、案例教学法 （2）重点与难点：老年人活动方案设计	2
					2）适宜老年人的兴趣活动项目		
					3）不同自理程度老年人的兴趣活动		
5．培训指导	5-1　培训	5-1-1　能对初级养老护理员进行基础培训	（1）制订初级养老护理员培训计划 （2）实施初级养老护理员培训	（1）初级养老护理员基础培训	1）基础知识培训概述	（1）方法：讲授法、演示法、实训（练习）法、案例教学法等 （2）重点与难点：培训方法与实施	4
					2）基础培训实施设计要点		
					3）基础培训实施		
					4）注意事项		

续表

2.1.4　高级职业技能培训要求				2.2.4　高级职业技能培训课程规范			
职业功能模块（模块）	培训内容（课程）	技能目标	培训细目	学习单元	课程内容	培训建议	课堂学时
5. 培训指导	5-1 培训	5-1-2 能编写初级养老护理员培训教案	（1）编写初级养老护理员生活照料培训教案 （2）编写初级养老护理员基础护理培训方案	（2）初级养老护理员培训教案编写	1）培训教案编写概述 2）培训教案编写设计要点 3）培训教案编写实施 4）注意事项	（1）方法：讲授法、演示法、实训（练习）法、案例教学法等 （2）重点与难点：编写方法	4
	5-2 指导	5-2-1 能对初级养老护理员的实训操作给予指导	（1）指导初级养老护理员生活照料实训操作 （2）指导初级养老护理员基础护理实训操作	（1）初级养老护理员实操指导	1）实训操作指导概述 2）实训操作指导过程设计要点 3）实训操作指导实施 4）注意事项	（1）方法：讲授法、演示法、实训（练习）法、案例教学法等 （2）重点与难点：指导方法	8
课堂学时合计							110

附录 5　技师职业技能培训要求与课程规范对照表

2.1.5　技师职业技能培训要求				2.2.5　技师职业技能培训课程规范			
职业功能模块（模块）	培训内容（课程）	技能目标	培训细目	学习单元	课程内容	培训建议	课堂学时
1. 基础护理	1-1 计划管理	1-1-1 能制订慢性病老年人的护理照料计划	（1）老年慢性病的特点 （2）慢性病老年人照料护理计划的制订方法 （3）制订慢性病老年人照料护理计划	（1）制订慢性病老年人的护理照料计划	1）老年慢性病概述 2）老年慢性护理计划制订要求、作用、种类 3）慢性病老年人照料护理计划制订方法 4）老年人健康评估表和老年人功能独立康复程度表	（1）方法：讲授法 （2）重点与难点：慢性病老年人照料护理计划的制订方法	4
		1-1-2 能评价护理计划实施结果	（1）护理计划实施结果评价知识 （2）护理计划实施结果评价方法 （3）评价老年人护理计划实施结果	（2）评价护理计划实施结果	1）护理计划实施结果评价概述 2）护理计划实施结果评价方式 3）护理计划实施过程中的修订	（1）方法：讲授法 （2）重点与难点：护理计划实施结果评价	2

续表

2.1.5 技师职业技能培训要求				2.2.5 技师职业技能培训课程规范			
职业功能模块（模块）	培训内容（课程）	技能目标	培训细目	学习单元	课程内容	培训建议	课堂学时
1．基础护理	1-1 计划管理	1-1-3 能对老年人护理档案进行分类保管	(1) 老年人护理档案分类保管知识 (2) 老年人护理档案分类保管方法	(3) 老年人护理档案分类保管	1）老年人护理档案概述 2）老年人护理档案分类保管内容 3）老年人护理档案分类保管原则 4）老年人护理档案分类保管要求	(1) 方法：讲授法 (2) 重点与难点：老年人护理档案分类保管内容及要求	2
		1-1-4 能制订防止老年人发生意外的应急预案	(1) 老年人安全预案的制订知识 (2) 老年人安全预案制订方法 (3) 制订老年人相关安全意外预案	(4) 老年人安全预案的制订	1）老年人常见安全隐患 2）老年人安全预案制订要求 3）老年人安全预案制订	(1) 方法：讲授法 (2) 重点与难点：老年人应急预案制订	4
	1-2 环境设计	1-2-1 能识别并消除有损老年人健康的环境因素	(1) 不利于老年人健康的生活环境因素 (2) 识别和消除不利于健康的生活环境因素的方法 (3) 识别并消除不利于老年人健康的环境因素	(1) 识别并消除有损老年人健康的环境因素	1）生活环境概述 2）不利于老年人健康的环境因素 3）消除不利于健康的环境因素的方法	(1) 方法：讲授法 (2) 重点与难点：不利于老年人健康的环境因素	2
		1-2-2 能设计适合不同疾病状态老年人（如中风老年人等）的生活环境	(1) 各种疾病状态下老年人常见表现 (2) 设计老年人生活环境的方法 (3) 为不同疾病状态老年人设计生活环境	(2) 为不同疾病状态老年人设计生活环境	1）老年人常见疾病的不同表现 2）肢体功能障碍老年人生活环境设计细节 3）患阿尔茨海默病老年人生活环境设计细节 4）设计适合不同疾病状态下老年人的生活环境	(1) 方法：讲授法 (2) 重点与难点：肢体功能障碍老年人生活环境设计细节	2

续表

<table>
<tr><th colspan="4">2.1.5　技师职业技能培训要求</th><th colspan="4">2.2.5　技师职业技能培训课程规范</th></tr>
<tr><th>职业功能模块（模块）</th><th>培训内容（课程）</th><th>技能目标</th><th>培训细目</th><th>学习单元</th><th>课程内容</th><th>培训建议</th><th>课堂学时</th></tr>
<tr><td rowspan="13">1. 基础护理</td><td rowspan="3">1-2　环境设计</td><td rowspan="3">1-2-3　能优化设计老年人的生活环境</td><td rowspan="3">（1）老年人生活环境优化的设计知识
（2）老年人生活环境优化设计方法
（3）优化设计老年人的生活环境</td><td rowspan="3">（3）优化设计老年人的生活环境</td><td>1）老年人居室环境设计的原则</td><td rowspan="3">（1）方法：讲授法
（2）重点与难点：老年人生活环境优化设计方法</td><td rowspan="3">2</td></tr>
<tr><td>2）老年人生活环境优化设计方法</td></tr>
<tr><td>3）老年人居室环境优化步骤与流程</td></tr>
<tr><td rowspan="10">1-3　技术创新</td><td rowspan="4">1-3-1　能对老年人照料、护理技术进行创新</td><td rowspan="4">（1）技术创新概念
（2）对老年人照料、护理技术进行创新</td><td rowspan="4">（1）老年人照料、护理技术创新</td><td>1）技术创新的基本知识</td><td rowspan="4">（1）方法：讲授法
（2）重点与难点：实施老年人生活照料技术创新的要求</td><td rowspan="4">2</td></tr>
<tr><td>2）护理研究的基本知识</td></tr>
<tr><td>3）实施老年人生活照料技术创新的要求</td></tr>
<tr><td>4）技术创新步骤与流程</td></tr>
<tr><td rowspan="3">1-3-2　能撰写老年人照料、护理方面的技术总结或论文</td><td rowspan="3">（1）论文撰写一般知识
（2）论文撰写方法
（3）撰写老年人照料、护理技术总结或论文</td><td rowspan="3">（2）老年人照料、护理的技术总结或论文撰写</td><td>1）论文撰写概述</td><td rowspan="3">（1）方法：讲授法
（2）重点与难点：护理论文撰写方法</td><td rowspan="3">4</td></tr>
<tr><td>2）护理论文撰写方法</td></tr>
<tr><td>3）老年人照料的技术相关总结或论文撰写</td></tr>
<tr><td rowspan="3">1-3-3　能对老年用品提出技术改良建议</td><td rowspan="3">（1）老年人用品技术改良的意义
（2）提出老年人用品技术改良建议</td><td rowspan="3">（3）老年用品提出技术改良建议</td><td>1）老年人用品技术改良意义</td><td rowspan="3">（1）方法：讲授法
（2）重点与难点：老年人用品技术改良方法</td><td rowspan="3">2</td></tr>
<tr><td>2）老年人用品技术改良方法</td></tr>
<tr><td>3）老年人用品技术改良步骤与流程</td></tr>
</table>

续表

<table>
<tr><th colspan="4">2.1.5 技师职业技能培训要求</th><th colspan="4">2.2.5 技师职业技能培训课程规范</th></tr>
<tr><th>职业功能模块（模块）</th><th>培训内容（课程）</th><th>技能目标</th><th>培训细目</th><th>学习单元</th><th>课程内容</th><th>培训建议</th><th>课堂学时</th></tr>
<tr><td rowspan="15">2．康复护理</td><td rowspan="8">2-1 功能锻炼</td><td rowspan="4">2-1-1 能帮助言语障碍的老年人进行言语锻炼</td><td rowspan="4">（1）为言语障碍老年人制订功能锻炼方案
（2）帮助言语障碍老年人进行康复功能锻炼</td><td rowspan="4">（1）言语障碍老年人的言语功能锻炼</td><td>1）言语障碍及言语治疗概念</td><td rowspan="4">（1）方法：讲授法、演示法
（2）重点与难点：语言功能锻炼的内容和方法</td><td rowspan="4">4</td></tr>
<tr><td>2）言语障碍评估</td></tr>
<tr><td>3）言语功能锻炼原则</td></tr>
<tr><td>4）言语功能锻炼内容和方法</td></tr>
<tr><td rowspan="4">2-1-2 能帮助吞咽障碍的老年人进行吞咽功能锻炼</td><td rowspan="4">（1）为吞咽障碍老年人制订功能锻炼方案
（2）能帮助吞咽障碍老年人进行康复功能锻炼</td><td rowspan="4">（2）吞咽障碍老年人的吞咽功能锻炼</td><td>1）吞咽障碍概念</td><td rowspan="4">（1）方法：讲授法、演示法
（2）重点与难点：吞咽障碍功能锻炼的内容和方法</td><td rowspan="4">4</td></tr>
<tr><td>2）吞咽障碍评估</td></tr>
<tr><td>3）吞咽障碍功能锻炼原则</td></tr>
<tr><td>4）吞咽障碍功能锻炼内容和方法</td></tr>
<tr><td rowspan="7">2-2 活动评价</td><td rowspan="3">2-2-1 能使用量表评价老年运功功能</td><td rowspan="3">（1）选择适宜的评价量表
（2）评定老年人运动功能</td><td rowspan="3">（1）老年人运动功能评价</td><td>1）运动功能评价概述</td><td rowspan="3">（1）方法：讲授法、演示法、实训（练习）法
（2）重点与难点：运动功能评价方法</td><td rowspan="3">4</td></tr>
<tr><td>2）运动功能评价方法</td></tr>
<tr><td>3）运动功能评价注意事项</td></tr>
<tr><td rowspan="4">2-2-2 能制订肢体功能障碍老年人康复计划</td><td rowspan="4">（1）制订肢体功能障碍老年人锻炼目标
（2）制订肢体功能障碍老年人锻炼方案
（3）实施效果评价</td><td rowspan="4">（2）肢体功能障碍老年人康复计划制订</td><td>1）肢体功能锻炼概述</td><td rowspan="4">（1）方法：讲授法、演示法
（2）重点与难点：制订肢体功能障碍老年人康复计划的原则、制订肢体功能障碍老年人的锻炼方案</td><td rowspan="4">4</td></tr>
<tr><td>2）制订肢体功能障碍老年人康复计划的原则</td></tr>
<tr><td>3）制订肢体功能障碍老年人的锻炼方案</td></tr>
<tr><td>4）实施效果评价</td></tr>
</table>

续表

2.1.5 技师职业技能培训要求				2.2.5 技师职业技能培训课程规范			
职业功能模块（模块）	培训内容（课程）	技能目标	培训细目	学习单元	课程内容	培训建议	课堂学时
3．心理护理	3-1 心理辅导	3-1-1 能制订老年人心理辅导基本方案	（1）制订老年人个体心理辅导基本方案 （2）制订老年人团体心理辅导基本方案	（1）老年人心理辅导基本方案制订	1）老年人个体心理辅导的概念、特点和技巧 2）老年人个体心理辅导基本方案制订的原则、内容 3）老年人团体心理辅导的概念、特点和技巧 4）老年人团体心理辅导基本方案制订的要求、内容	（1）方法：讲授法、角色扮演法、案例教学法、观摩法 （2）重点与难点：心理辅导基本方案的制订	4
		3-1-2 能为老年人讲解基本的心理健康知识	（1）用讲解法为老年人讲解心理健康知识 （2）用讨论法为老年人讲解心理健康知识 （3）用角色扮演法为老年人讲解心理健康知识	（2）基本心理健康知识讲解	1）老年人心理健康知识 2）老年人心理健康知识讲解方法 ①讲解法 ②讨论法 ③角色扮演法	（1）方法：讲授法、角色扮演法、观摩法 （2）重点与难点：各种讲解方法的运用	4
	3-2 心理疏导	3-2-1 能使用心理调治方法疏导并稳定老年人的不良情绪	（1）用合理情绪法疏导老年人不良情绪 （2）用放松训练法疏导老年人不良情绪 （3）用音乐疗法疏导老年人不良情绪	（1）疏导并稳定老年人的不良情绪	1）情绪与情绪表现 2）老年人的不良情绪 3）疏导老年人不良情绪的心理调整方法 ①合理情绪法 ②放松训练法 ③音乐疗法	（1）方法：讲授法、角色扮演法、观摩法 （2）重点与难点：心理调整方法的运用	4
		3-2-2 能评估老年人心理辅导效果	（1）评估老年人心理辅导效果	（2）老年人心理辅导效果评估	1）老年人心理辅导效果评估的概念和影响因素 2）老年人心理辅导效果评估的内容与要求 3）老年人心理辅导效果的评估方法	（1）方法：讲授法、观摩法 （2）重点与难点：老年人心理辅导效果的评估方法	2

续表

2.1.5 技师职业技能培训要求				2.2.5 技师职业技能培训课程规范			
职业功能模块（模块）	培训内容（课程）	技能目标	培训细目	学习单元	课程内容	培训建议	课堂学时
4．护理管理	4-1 组织管理	4-1-1 能制订养老护理员岗位职责和工作程序与照护流程	（1）养老护理员岗位职责的制订 （2）养老护理员工作程序的制订 （3）养老护理员照护流程的制订	（1）养老护理员岗位职责和工作程序与照护流程的制订	1）养老护理工作程序与流程概述	（1）方法：讲授法、案例教学法、讨论法 （2）重点与难点：工作程序与护理流程制订方法	4
					2）养老护理员工作程序与护理流程制订结构与类型		
					3）养老护理员工作程序与护理流程制订方法		
					4）养老员工作程序与护理流程实践过程		
					5）养老护理员工作程序与护理流程制订与实施注意事项		
		4-1-2 能起草养老护理员的管理制度	（1）起草养老护理员管理制度	（2）养老护理员管理制度起草	1）护理管理制度概述	（1）方法：讲授法、案例教学法、讨论法 （2）重点与难点：护理管理制度起草方法	4
					2）护理管理制度起草方法		
					3）护理管理制度起草要求		
					4）护理管理制度起草过程		
		4-1-3 能对养老护理工作程序和护理流程提出持续改进的意见	（1）对养老护理工作程序提出持续改进意见 （2）对养老护理工作流程提出持续改进意见	（3）养老护理工作程序及流程持续改进	1）养老护理流程概述	（1）方法：讲授法、案例教学法、讨论法 （2）重点与难点：鱼骨图讲解	4
					2）养老护理流程改进指导思想		
					3）养老护理方法及因果图应用		
					4）养老护理管理流程实践过程		
					5）养老护理流程改进注意事项		

续表

<table>
<tr><th colspan="4">2.1.5　技师职业技能培训要求</th><th colspan="4">2.2.5　技师职业技能培训课程规范</th></tr>
<tr><th>职业功能模块（模块）</th><th>培训内容（课程）</th><th>技能目标</th><th>培训细目</th><th>学习单元</th><th>课程内容</th><th>培训建议</th><th>课堂学时</th></tr>
<tr><td rowspan="15">4．护理管理</td><td rowspan="10">4-1　组织管理</td><td rowspan="5">4-1-4　能对养老护理计划和方案予以检查和控制</td><td rowspan="5">（1）对养老护理计划和方案给以控制</td><td rowspan="5">（4）对养老护理计划和方案给以控制</td><td>1）养老护理计划检查与控制概述</td><td rowspan="5">（1）方法：讲授法、案例教学法、讨论法、角色扮演法
（2）重点与难点：控制前中后管理方法</td><td rowspan="5">4</td></tr>
<tr><td>2）养老护理计划检查与控制的目的</td></tr>
<tr><td>3）养老计划检查与控制方法</td></tr>
<tr><td>4）养老护理计划检查与控制实践过程</td></tr>
<tr><td>5）养老护理计划检查与控制实施注意事项</td></tr>
<tr><td rowspan="5">4-1-5　能制订养老护理员考核办法</td><td rowspan="5">（1）制订养老护理员岗位职责与考核方法</td><td rowspan="5">（5）养老护理员岗位职责与考核方法</td><td>1）养老护理员岗位职责与考核方法概述</td><td rowspan="5">（1）方法：讲授法、案例教学法、讨论法、角色扮演法
（2）重点与难点：养老护理员岗位控制前中后环节的管理方法</td><td rowspan="5">4</td></tr>
<tr><td>2）养老护理员岗位职责与考核方法制订框架设计</td></tr>
<tr><td>3）养老护理员岗位职责与考核制订方法</td></tr>
<tr><td>4）养老护理员岗位职责与考核方法实践过程</td></tr>
<tr><td>5）养老护理员岗位职责与考核方法实施注意事项</td></tr>
<tr><td rowspan="5">4-2　质量管理</td><td rowspan="5">4-2-1　能制订养老护理质量控制方案</td><td rowspan="5">（1）制订养老护理质量控制方案</td><td rowspan="5">（1）养老护理质量控制方案</td><td>1）养老护理质量控制方案概述</td><td rowspan="5">（1）方法：讲授法、案例教学法、讨论法、角色扮演法
（2）重点与难点：检控点</td><td rowspan="5">4</td></tr>
<tr><td>2）养老护理控制方案结构设计</td></tr>
<tr><td>3）养老护理质量控制方案制订方法及检控点</td></tr>
<tr><td>4）养老护理方案制订实践过程</td></tr>
<tr><td>5）养老护理质量控制方案制订与实施注意事项</td></tr>
</table>

续表

2.1.5 技师职业技能培训要求				2.2.5 技师职业技能培训课程规范			
职业功能模块（模块）	培训内容（课程）	技能目标	培训细目	学习单元	课程内容	培训建议	课堂学时
4. 护理管理	4-2 质量管理	4-2-2 能制订养老护理技术操作规程	（1）制订养老护理员操作规程	（2）养老护理技术操作规程	1）养老护理技术规程制订概述	（1）方法：讲授法、案例教学法、讨论法、角色扮演法 （2）重点与难点：技术规程结构	4
					2）养老护理技术规程制订结构设计		
					3）养老护理技术规程制订方法		
					4）养老护理技术规程实践过程		
					5）养老护理技术规程制订与实施注意事项		
		4-2-3 能运用信息技术进行信息化管理	（1）运用信息技术进行信息化管理	（3）养老服务信息化管理	1）养老信息技术发展概述	（1）方法：讲授法、案例教学法、讨论法、角色扮演法 （2）重点与难点：信息技术运用方法	2
					2）信息技术的作用和价值		
					3）信息技术运用的方法与原则		
					4）信息技术运用于养老服务管理的实践过程		
					5）信息技术运用于养老服务管理的注意事项		
5. 培训指导	5-1 培训	5-1-1 能对中级、高级养老护理员进行基础培训	（1）培训中级养老护理员 （1）培训高级养老护理员	（1）中级、高级以上养老护理员培训	1）基础培训概述	（1）方法：讲授法、案例教学法、讨论法、角色扮演法等 （2）重点与难点：基础培训设计要点等	4
					2）基础培训设计要点		
					3）基础培训实施		
					4）注意事项		
		5-1-2 能编写中级、高级养老护理员教案	（1）编写中级养老护理员培训方案 （2）编写高级养老护理员培训方案	（2）中级、高级养老护理员培训方案编写	1）培训教案编写概述	（1）方法：讲授法、案例教学法、讨论法、角色扮演法等 （2）重点与难点：培训教案编写设计要点	4
					2）培训教案编写设计要点		
					3）培训教案编写实践		
					4）注意事项		

续表

<table>
<tr><th colspan="4">2.1.5　技师职业技能培训要求</th><th colspan="4">2.2.5　技师职业技能培训课程规范</th></tr>
<tr><th>职业功能模块（模块）</th><th>培训内容（课程）</th><th>技能目标</th><th>培训细目</th><th>学习单元</th><th>课程内容</th><th>培训建议</th><th>课堂学时</th></tr>
<tr><td rowspan="4">5．培训指导</td><td rowspan="4">5–2　指导</td><td rowspan="4">5–2–1　能对中级、高级养老护理员实训操作给予指导</td><td rowspan="4">（1）指导中级养老护理员实训操作
（2）指导高级养老护理员实训操作</td><td rowspan="4">（1）中级、高级养老护理员实训操作指导</td><td>1）实训操作指导概述</td><td rowspan="4">（1）方法：讲授法、案例教学法、讨论法、角色扮演法、实训（练习）法等
（2）重点与难点：实训操作指导设计要点等</td><td rowspan="4">8</td></tr>
<tr><td>2）实训操作指导设计要点</td></tr>
<tr><td>3）实训操作指导实践过程</td></tr>
<tr><td>4）实训操作指导注意事项</td></tr>
<tr><td colspan="7">课堂学时合计</td><td>102</td></tr>
</table>